W0234020

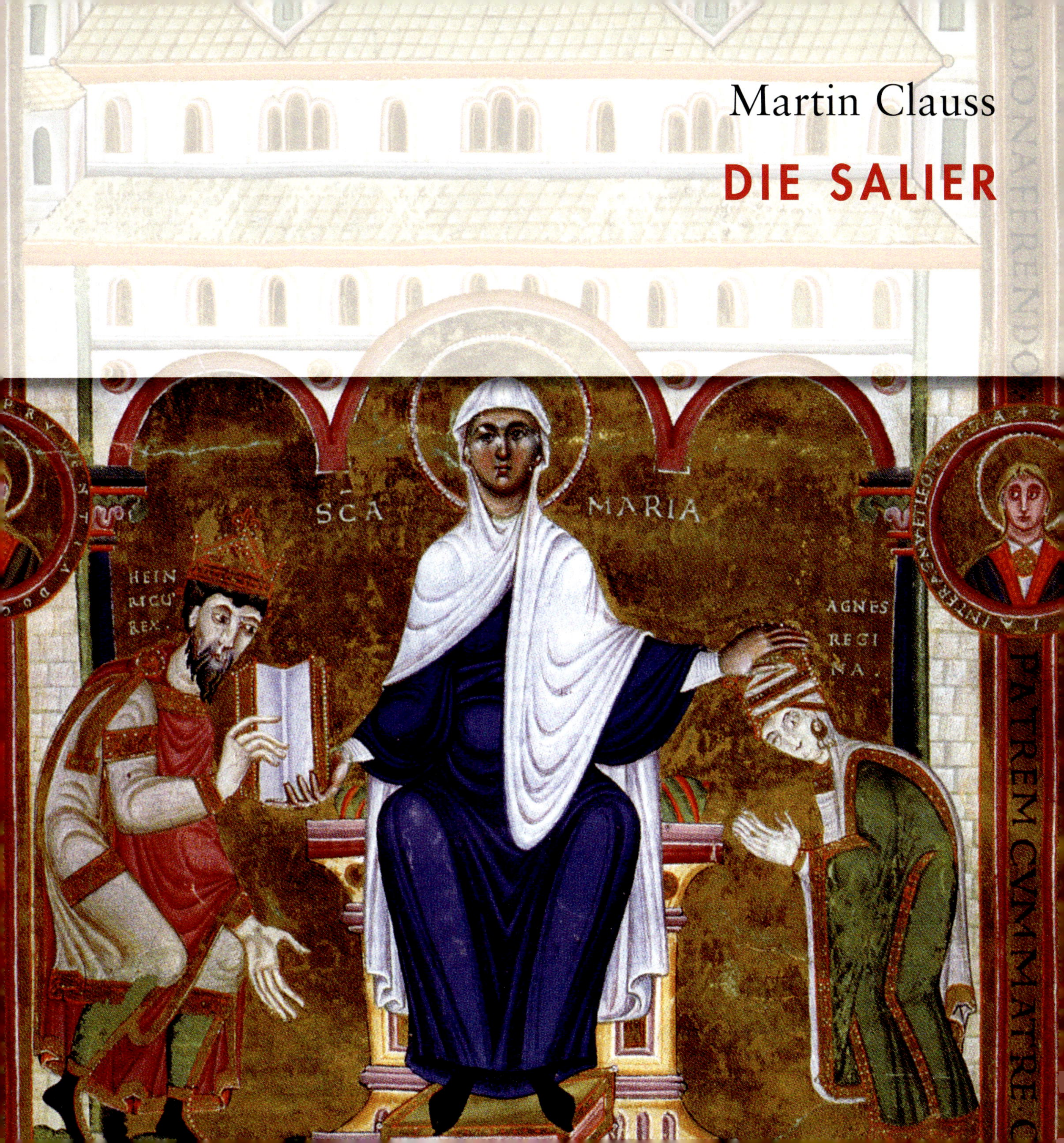
Martin Clauss
DIE SALIER
HEIN RICU REX
SCA MARIA
AGNES REGINA
PATREM CVM MATRE

Die Deutsche Nationalbibliothek verzeichnet diese Publikation
in der Deutschen Nationalbibliografie; detaillierte bibliografische
Daten sind im Internet über http://dnb.d-nb.de abrufbar.

© 2011 by Primus Verlag, Darmstadt
Die Herausgabe des Werkes wurde durch die
Vereinsmitglieder der WBG ermöglicht.
Gedruckt auf säurefreiem und alterungsbeständigem Papier

Einbandgestaltung: Jutta Schneider, Frankfurt a. M.
Einbandabbildung: Heinrich III. und Agnes vor Maria.
Evangeliar für Speyer (1043 und 1046)
Redaktion: Franziska Heckert, Darmstadt
Layout, Gestaltung und Satz: Anja Harms, Oberursel
Printed in Germany
www.primusverlag.de
ISBN: 978-3-89678-844-3

Lizenzausgabe für die WBG
(Wissenschaftliche Buchgesellschaft), Darmstadt
Einbandgestaltung: Peter Lohse, Heppenheim
Einbandmotiv: Kostüme fränkisch 5./6. Jh./A. Kretschmer
Bild: © akg-images
www.wbg-wissenverbindet.de
ISBN 978-3-534-24481-2

INHALT

Die Salier und wir

Am 10. Oktober 1998 marschierten Truppen der Bundeswehr vor dem Kaiserdom in Speyer auf: Mit Fackeln und Musik verabschiedeten sie in einem Großen Zapfenstreich den scheidenden Bundeskanzler Helmut Kohl. Wie jeder Bundeskanzler hatte dieser den Schauplatz für das Zeremoniell selbst gewählt. Neben der Verbundenheit mit seiner pfälzischen Heimat war dabei wohl auch die historische Dimension des Ortes von Bedeutung. Darauf verwies der Bundeskanzler in seiner Abschiedsrede: Gerade hier werde die Einheit der deutschen und der europäischen Geschichte greifbar – eine Geschichte, aus der man lernen könne.

Am 14. Mai 1872 sagte Reichskanzler Otto von Bismarck in einer Rede vor dem Reichstag: „Seien Sie außer Sorge, nach Canossa gehen wir nicht – weder körperlich noch geistig." König Heinrich IV. hatte im Winter 1077 vor den Toren der Burg Canossa in demütiger Haltung den Papst um Wiederaufnahme in die Kirche gebeten. Dies wurde von Bismarck als Akt der Erniedrigung und der nationalen Schmach interpretiert. Ein vergleichbares Nachgeben gegenüber der Kurie kam für Bismarck in der Auseinandersetzung mit der katholischen Kirche – dem sogenannten Kulturkampf – nicht infrage.

Die Zeit der Salier (1024 bis 1125) liegt 1000 Jahre zurück und ragt doch in unsere jüngere Geschichte und Gegenwart hinein. Dazu trägt auch unser Denken von Geschichte in runden Zahlen bei – die Freude der Moderne am Jubiläum. 2011 wird zum Salierjahr, weil sich hier Ereignisse aus dieser Zeit jähren. 1111 wurde Heinrich V. – der Sohn des Herrschers, der nach Canossa ging – in Rom zum Kaiser gekrönt; also: 900 Jahre Kaiserkrönung.

1061 wurde der erste Dom in Speyer geweiht; also: 950 Jahre Dom zu Speyer. Offenbar werden beide Ereignisse im weitesten Sinne positiv konnotiert und damit der gesellschaftlichen Memoria würdig. Die Orientierung der Erinnerung am Dezimalsystem fokussiert hier die Aufmerksamkeit. Aber ein Ereignis ist nicht automatisch wichtig für die Geschichte oder gar bedeutend in seiner Zeit, nur weil es runde 900 oder 950 Jahre zurückliegt.

Wir machen uns die Salier also gegenwärtig – unter ganz verschiedenen Vorzeichen. Einmal wird der Dom der Salier als geschichtsmächtiger Ort verstanden – ein andermal gerät das Handeln des Saliers Heinrich IV. zur nationalen Schmach, wird der ‚Gang nach Canossa‘ zum geflügelten Wort. Geschichte wird zum Argument; wofür oder wogegen, hängt dabei eher von den Zeitumständen der Argumentation als vom historischen Ereignis ab.

Vor diesem Hintergrund will dieses Buch einige Aufschlüsse über die Zeit der Salier geben. Was steht hinter den Jubiläen, dem Zapfenstreich und warum sollen wir nicht mehr nach Canossa gehen? Warum steht in Speyer eine der größten romanischen Kirchen Europas und weshalb sind hier etliche Kaiser und Könige begraben?

Das Buch richtet sich an diejenigen, die einen ersten Eindruck zu den Saliern gewinnen möchten. Mit dem Mittelalter vertraute Fachleute werden hier etliche Details vermissen. Schwerpunkte der Darstellung sind die Beziehungen der salischen Könige mit der Kirche und die Veränderungen der Reichsverfassung. Der komprimierten Darstellung ist es geschuldet, dass hier eher Zustände als Entwicklungen beschrieben werden.

DIE ZEIT DER SALIER

Wer waren „die Salier"?

Das Haus der Salier steht uns in dieser Federzeichnung vom Anfang des 12. Jahrhunderts ganz plastisch vor Augen: Konrad II. sitzt auf einem Thron, den Reichsapfel in seiner Linken. In der Rechten hält er die Abfolge seiner Nachfolger in Medaillons: Heinrich III. und Heinrich IV. werden als ‚imperator', also als Kaiser bezeichnet; die Söhne Heinrichs IV., Heinrich V. und Konrad ganz unten als „rex", als König. Links sehen wir die Tochter Heinrichs IV. Die Umschrift nennt sie Adelheit, obwohl sie Agnes hieß – warum ist unklar. Diese Darstellung stammt aus dem Umfeld Heinrich V., der als einziger mit Zepter und Reichsapfel gezeigt wird. (vgl. zur Entstehung unten S. 64)

Mit dem Begriff Salici werden diese Könige seit dem frühen 12. Jahrhundert bezeichnet. Salier verweist dabei – analog zur Bezeichnung des frühmittelalterlichen fränkischen Rechtsbuches als Lex Salica – auf die Franken. Damit wird das dritte mittelalterliche Kaisergeschlecht von seinen Vorgängern, den karolingischen und sächsischen Kaisern, und dem nachfolgenden Kaiserhaus der Staufer

Die salische Königsfamilie

Als Salier bezeichnet man die Königsdynastie von Konrad II.,

Heinrich III., Heinrich IV. und Heinrich V., die von 1024 bis 1125

das Schicksal des deutschen Reiches prägte.

abgegrenzt. Grundlage für diese Bezeichnung war neben einem Herrschaftsschwerpunkt im Umfeld der Stadt Worms die genealogische Anknüpfung an das fränkische Herrschergeschlecht der Merowinger (5. bis 8. Jahrhundert). In diesem Sinne stellt der Geschichtsschreiber Wipo († nach 1046) in seinen *Taten Kaiser Konrads II.* die verwandtschaftlichen Verbindungen des ersten Salierkönigs zu den Merowingern dar; zu Konrads Mutter Adelheid heißt es: „Ihre Ahnen sollen dem alten Hause der Könige von Troja entstammen, die unter dem heiligen Bekenner Remigius ihren Nacken unter das Joch des Glaubens beugten."[1] Damit wird auf die Taufe des Merowingerkönigs Chlodwig am Ende des 5. Jahrhunderts durch den Bischof von Reims Remigius angespielt; die Merowinger und damit in der Lesart des Geschichtsschreibers Wipo auch Konrad und seine Nachkommen stammten in diesem Geschichtsbild von den Trojanern ab. Der Hofhistoriograph der ersten Salier bemühte sich, die Herkunft dieses Geschlechtes zu überhöhen.

Der Vater kniet vor dem Sohn – zum Funktionieren von Herrschaft

Vieles am Mittelalter ist heute sehr gegenwärtig. Die Zeit zwischen 500 und 1500 ist in zahlreichen Medien und Redewendungen präsent. Oftmals basieren die Konnotationen auf einem Gefühl der Andersartigkeit, etwa wenn man etwas als ‚wie im Mittelalter' aburteilt. Gerade vor dem Hintergrund einer vermeintlich klaren Vorstellung der Zeit scheint es geboten, kurz auf einige Besonderheiten der Epoche einzugehen. Beginnen wir mit einem Ereignis aus dem Jahr 1035. Wir sind damit mitten in der

Cōnradus impator
+ HEINRICVS · IMPERATOR
+ ADELHEIT REGINA
HEINRICVS IMPERATOR
HEINRICVS REX
CONRADVS REX

Diese süditalienische Schachfigur aus der ersten Hälfte des 11. Jahrhunderts zeigt einen König umgeben von zwei Wächtern (hier im Bild) und eine Gruppe von Fürsten und Höflingen: „König mit Beratern".

Herrschaftszeit von Konrad II., dem ersten Salier auf dem deutschen Thron.

Im Mai 1035 hatten Kaiser Konrad II. und König Heinrich einen heftigen Streit. Die Meinungsverschiedenheit zwischen Vater und Sohn nahm solche Ausmaße an, dass Konrad in Ohnmacht fiel und ins Bett gebracht werden musste. Heinrich wollte seinem Vater in einer politischen Angelegenheit nicht zustimmen: Kaiser Konrad wollte Adalbero das Herzogtum Kärnten entziehen, Heinrich war diesem aber durch einen Vertrag verpflichtet. Die private Vertragspflicht des Sohnes stand dem politisch-öffentlichen Anliegen des Vaters im Wege – es entstand eine Pattsituation. Diese überwand der Kaiser, indem er sich seinem Sohn beim Hoftag in Bamberg in Gegenwart

der anwesenden Fürsten zu Füßen warf und ihn unter Tränen bat, die Eintracht zwischen Vater und Sohn nicht zu gefährden. Der so vorgetragenen Bitte konnte sich Heinrich nicht entziehen: Er stimmte dem Urteil seines Vaters zu, und Adalbero verlor sein Herzogtum.

Diese Episode ist in vielerlei Hinsicht aussagekräftig für unseren modernen Zugang zur Epoche der Salier: Konrad II. und Heinrich III. als erste der vier Könige aus diesem Geschlecht haben die Königsdynastie begründet und die Grundlage für das Königshaus und -verständnis der Salier gelegt. Beide gelten als durchsetzungsstarke Herrscher, die das mittelalterliche deutsche Königtum zur autokratischen Blüte gebracht haben.

Im krassen Gegensatz dazu scheint für uns der Kniefall des Vaters vor dem Sohne zu stehen: ein Kaiser, der sich vor seinem eigenen Sohn in Gegenwart seiner Untertanen erniedrigt? Hier wird deutlich, dass wir uns dem 11. Jahrhundert nicht bedenkenlos mit den Wertmaßstäben des 21. nähern dürfen. Wir müssen vielmehr versuchen, die Zeit aus ihren Quellen und damit ein Stück weit aus sich heraus zu verstehen. Entscheidend ist dabei im Falle des Bamberger Hoftages von 1035, dass Konrad seinen Willen durchsetzen konnte und der Kniefall vor seinem Sohn ein für diesen Zweck probates Mittel war. Kniefall und Tränen sind nicht als Gefühlseruption eines sentimentalen Schwächlings, sondern als rituelle Handlung im Sinne einer herrscherlichen Inszenierung zu deuten. Durch seine öffentliche Stellung als König und Kaiser und seine private als Vater konnte Konrad sicher sein, nicht vergebens auf die Knie zu sinken. Vielmehr stellte dies einen gangbaren und durchaus öfter beschrittenen Weg dar, seinen Willen nicht nur deutlich zu machen, sondern ihm auch entsprechenden Nachdruck zu verleihen.

Nordsee
Ostsee
England
Polen
Frankreich
Ungarn
Schleswig
Danzig
Lübeck
Hamburg
Bremen
HZM. SACHSEN
Magdeburg
Posen
Goslar
Harzburg
Paderborn
Utrecht
Northeim
Merseburg
Breslau
HZM. NIEDER-LOTHRINGEN
Kaiserswerth
Köln
Krakau
Lüttich
Aachen
FRANKEN
HZM.
BÖHMEN
Prag
MÄHREN
Mainz
Frankfurt
Ingelheim
Tribur
Trier
Oppen-heim
Worms
Forchheim
HZM.
OBERLOTHRINGEN
Reims
Speyer
Paris
Regensburg
Straßburg
Ulm
Augsburg
Wien
HZM. SCHWABEN
HZM.
BAYERN
Salzburg
HZM. KÄRNTEN
Basel
Konstanz
Ofen
Pest
KGR.
BURGUND
Besançon
Aquileja
Triest
Agram
Clermont
Lyon
Mailand
Venedig
Mantua
KGR. ITALIEN
Canossa
Ravenna
Genua
Bologna
Arles
Pisa
Siena
Marseille
Narbonne
Adria
Korsika
Sutri
Rom
Barcelona
Neapel
Mittelmeer
Sardinien
Cagliari
Palermo
Messina
Sizilien
London
Weser
Ems
Rhein
Elbe
Oder
Weichsel
Mosel
Seine
Loire
Inn
Donau
Drau
Save
Rhône
Po
Arno
N
S
Das Reich der Salier um 1050
seit 1033 zum Reich
0   100   200   300 km

Das Mittelalter tritt uns hier als eine Welt der Rituale und Gesten entgegen, die von den Zeitgenossen verstanden und richtig gedeutet wurden: Der Kniefall ließ Heinrich keine andere Wahl, als Adalbero trotz des Freundschaftspaktes fallen zu lassen. Oder anders: Durch Ohnmacht, Kniefall und Tränen erwuchs für Heinrich eine Konstellation, in der er den Vertrag brechen konnte, ohne dass sein Ansehen Schaden genommen hätte. Am Ende des Hoftages konnte Konrad nach seinem Willen urteilen, und Heinrich wahrte trotz Vertragsbruchs sein Ansehen.

Warum aber musste Konrad seine Entscheidung überhaupt vor seinem Sohn Heinrich rechtfertigen? Konrad II. war 1035 unbestrittener Herrscher im Reich – und dennoch kein absolutistischer Monarch neuzeitlicher Prägung. Herrschaft war im 11. und 12. Jahrhundert prinzipiell auf Zustimmung der Großen angewiesen, und so musste Konrad in Bamberg die Fürsten in seine Entscheidung mit einbeziehen. Wir erfahren nicht genau, welche Fürsten anwesend waren, und sollten uns unter der Bezeichnung *principes* auch keine klar umrissene und abgeschlossene Personengruppe vorstellen. Vielmehr sind hiermit die einflussreichen weltlichen und geistlichen Adligen bezeichnet, die aufgrund ihres Einflusses vom Herrscher berücksichtigt werden mussten (etwa Herzöge, Grafen, Erzbischöfe, Bischöfe und Äbte).

In Bamberg forderten die Fürsten, dass der junge König Heinrich, der bereits 1028 zu Lebzeiten seines Vaters zum König gewählt und gekrönt worden war, bei der Entscheidung anwesend sein sollte. Konrad konnte zwar am Ende seinen Willen durchsetzen, er konnte ihn aber nicht autoritär verkünden. Königsherrschaft musste im Konsens gefunden und in Gesten kommuniziert werden.

Die Episode von 1035 zeigt, dass es Elemente in der Epoche der Salier gibt, die uns heute nicht unmittelbar einsichtig sind. Anderes erscheint uns heute selbstverständlich, was in der Zeit der Salier aber eine Neuerung war: so etwa die Trennung von Amt und Person – die Vorstellung, dass ein Regierungsamt nicht an einen Amtsträger gebunden ist, sondern jenseits der persönlichen Amtsdauer existiert. Dieses Konzept, das man als „überpersonales Herrschaftsverständnis" beschreiben kann, war in der Zeit der Salier keine Selbstverständlichkeit, sondern ist auf der Ebene des Königtums damals entwickelt worden.

Außerhalb der Kirche ist kein Heil – zur Bedeutung der Kirche

In ihrer Einstellung zur Kirche unterscheidet sich die moderne säkulare Gesellschaft grundlegend von ihren mittelalterlichen Vorgängern. Im Mittelalter wurden die Wirkmächtigkeit der Kirche und die Bedeutung ihrer liturgischen Handlungen nicht in Zweifel gezogen. Man stritt um die Details und um die richtige Form der Heilsvermittlung, nicht aber über die Funktion der Kirche als Mittlerin zwischen Gott und den Menschen. Die Existenz Gottes stand außer Zweifel. Man glaubte an die Wirkung des Gebets und des Rituals, Geistliche waren ein fester Bestandteil der Gesellschaft und Frömmigkeit war positiv konnotiert. Kirchlich-liturgische Handlungen waren, anders als heute, im Alltag der Menschen ohne Alternative – so etwa bei Taufe, Ehe und Begräbnis. Man kam, um es etwas salopp zu formulieren, an der Kirche nicht vorbei –

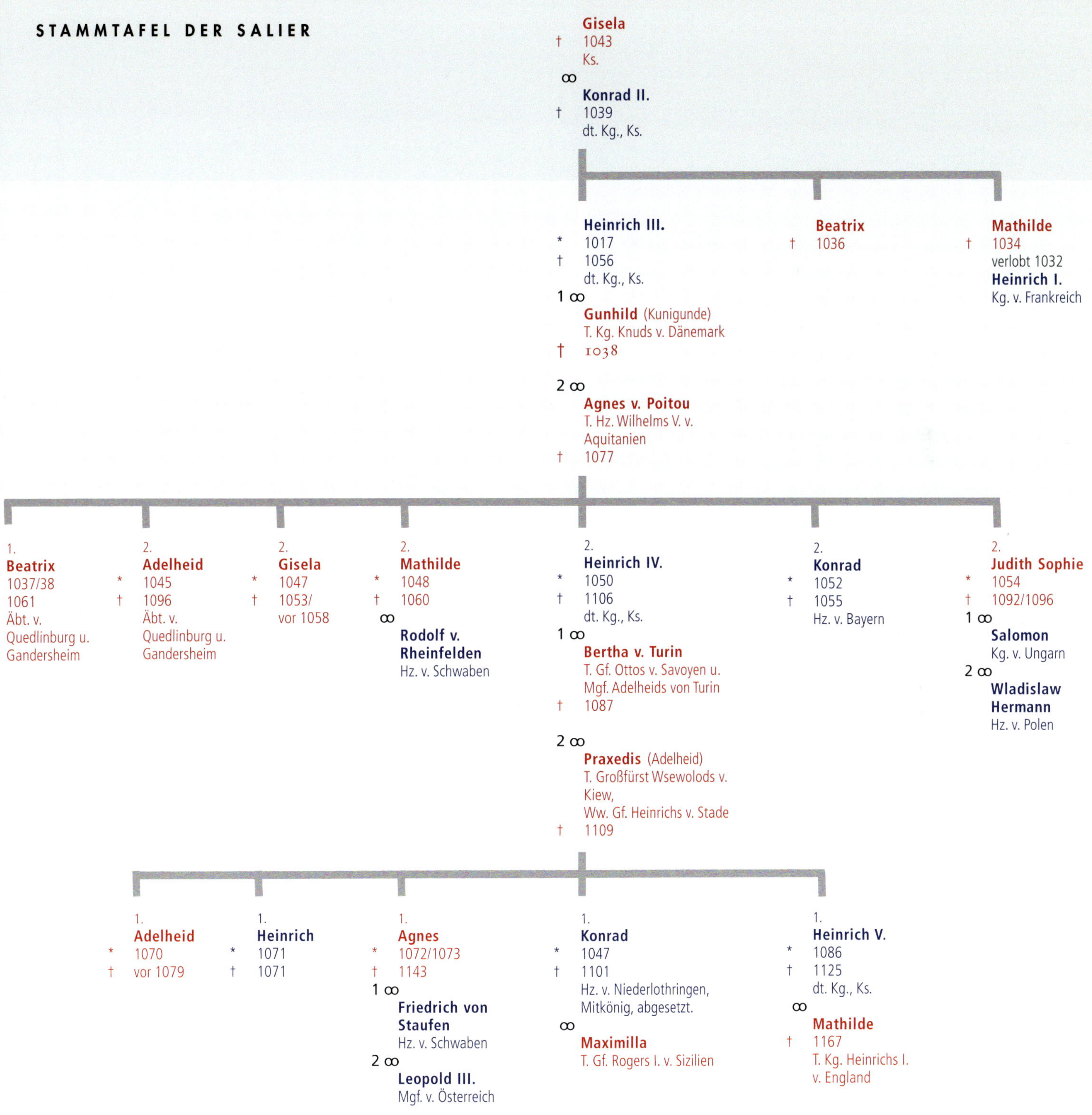

STAMMTAFEL DER SALIER

Gisela
† 1043
Ks.
∞
Konrad II.
† 1039
dt. Kg., Ks.

Heinrich III.
* 1017
† 1056
dt. Kg., Ks.
1 ∞
Gunhild (Kunigunde)
T. Kg. Knuds v. Dänemark
† 1038
2 ∞
Agnes v. Poitou
T. Hz. Wilhelms V. v.
Aquitanien
† 1077

Beatrix
† 1036

Mathilde
† 1034
verlobt 1032
Heinrich I.
Kg. v. Frankreich

1.
Beatrix
1037/38
1061
Äbt. v.
Quedlinburg u.
Gandersheim

2.
Adelheid
* 1045
† 1096
Äbt. v.
Quedlinburg u.
Gandersheim

2.
Gisela
* 1047
† 1053/
vor 1058

2.
Mathilde
* 1048
† 1060
∞
**Rodolf v.
Rheinfelden**
Hz. v. Schwaben

2.
Heinrich IV.
* 1050
† 1106
dt. Kg., Ks.
1 ∞
Bertha v. Turin
T. Gf. Ottos v. Savoyen u.
Mgf. Adelheids von Turin
† 1087
2 ∞
Praxedis (Adelheid)
T. Großfürst Wsewolods v.
Kiew,
Ww. Gf. Heinrichs v. Stade
† 1109

2.
Konrad
* 1052
† 1055
Hz. v. Bayern

2.
Judith Sophie
* 1054
† 1092/1096
1 ∞
Salomon
Kg. v. Ungarn
2 ∞
**Wladislaw
Hermann**
Hz. v. Polen

1.
Adelheid
* 1070
† vor 1079

1.
Heinrich
* 1071
† 1071

1.
Agnes
* 1072/1073
† 1143
1 ∞
**Friedrich von
Staufen**
Hz. v. Schwaben
2 ∞
Leopold III.
Mgf. v. Österreich

1.
Konrad
* 1047
† 1101
Hz. v. Niederlothringen,
Mitkönig, abgesetzt.
∞
Maximilla
T. Gf. Rogers I. v. Sizilien

1.
Heinrich V.
* 1086
† 1125
dt. Kg., Ks.
∞
Mathilde
† 1167
T. Kg. Heinrichs I.
v. England

und wollte das auch nicht. Bei aller Kritik an Einzelnen ihrer Vertreter wurde diese Einrichtung nie grundsätzlich infrage gestellt. Kirchenkritik zielte auf eine bessere Kirche, nicht auf eine säkulare Welt. Man strebte danach, die Kirche zu verbessern, um die Wirkung ihrer Gebete zu erhöhen; es gab einen Zusammenhang zwischen der Wirkung der liturgischen Handlung und der Disposition desjenigen, der sie vollzog. Je näher eine kirchliche Einrichtung der idealen Kirche kam, desto mehr Einfluss auf das eigene Heil versprach man sich von ihren Interventionen. Es ist diese enge Verknüpfung von Kirche und Welt, von Ritual und Heil, welche die Grundlage für die so intensiven Auseinandersetzungen zwischen Königtum und Papsttum darstellte. Anders gewendet: Wenn die Kirche nicht so bedeutend gewesen wäre, hätten sich die salischen Könige nicht derart intensiv an ihr abarbeiten müssen. Aber diese Formulierung stellt einen für das Mittelalter unvorstellbaren Modernismus dar.

Ebenfalls ungewohnt ist für uns die enge Wechselbeziehung von dem, was wir heute Kirche und Staat nennen würden. Diese gestelzte Formulierung versucht dem Umstand Rechnung zu tragen, dass wir uns diesem Themenbereich nur sehr bedingt mit modernen Begriffen und Vorstellungen nähern können. Wir sollten unser Bild von der katholischen Kirche – eine andere kannte das Mittelalter nicht – nicht einfach auf das 11. Jahrhundert übertragen. Die Kirche als eine auf Rom ausgerichtete, die christliche Welt umspannende Institution entstand erst im Hochmittelalter, wesentliche Impulse dazu wurden in der Salierzeit gesetzt.

Die salischen Könige bedienten sich für ihre Herrschaft der Kirche im Reich: Sie übertrugen Herrschaftsfunktionen an Bischöfe und Äbte, und die Kirchen waren ihnen zu Abgaben und Dienstleistungen verpflichtet. Bischöfe wurden etwa mit Zolleinnahmen oder Grafschaften ausgestattet: Sie waren Reichsfürsten, kontrollierten mitunter umfangreiche Gebiete und verfügten über beträchtliche Einnahmen. Aus der Sicht der Könige brachte es einige Vorteile, Herrschaftsaufgaben an kirchliche Würdenträger zu übertragen. Weil Bischöfe und Äbte ihre Ämter nicht vererben konnten, verblieb dem König hier ein größeres Maß an Kontrolle als bei weltlichen Adligen.

Darüber hinaus spielten Kleriker wegen ihres Bildungsgrades eine wichtige Rolle in der königlichen Administration. Sie verfassten Urkunden und waren als Gesandte tätig.

KONRAD II.
DER LENKER DES
STAATSSCHIFFES

Die Wahl des ersten Saliers zum König

Religion, Kirche und Politik trafen sich im Amtsverständnis mittelalterlicher Herrscher. All diese Entwicklungen lassen sich bei der Wahl Konrads II. zum König im Jahr 1024 beobachten. Der Hofkaplan Wipo berichtet hierzu: „Nach dem Tod des Kaisers [Heinrich II.] begann sich der gleichsam durch den Verlust seines Vaters verwaiste Staat alsbald unsicher zu fühlen. [...] Aber die göttliche Vorsehung hatte die Anker der Kirche solchen Priestern und Staatsmännern anvertraut, wie sie in dieser Zeit gebraucht wurden, um unser Vaterland ohne Schiffbruch in den ruhigen Hafen zu bringen."[2] Hier soll die Beklemmung dargestellt werden, in die das Reich ohne König geraten war; die Person des Herrschers war der Garant des Friedens und des Fortbestandes des Reiches. Ohne König tritt eine Notlage ein, Herrschaft ist hier sehr personal gedacht: König und Königtum treten noch nicht auseinander. Deutlich wird auch, dass keine Trennung von Kirche und Staat vorlag: Bischöfe und Priester werden als Stütze des Reiches verstanden, sie sind maßgeblich an der Wahl eines neuen Königs beteiligt. Es erscheint selbstverständlich, dass sich die Bischöfe um den Fortbestand des Königtums sorgen und dass sie hier entscheidenden Einfluss nehmen können. Sie gehören zu denjenigen, die Konrad II. zum König wählen.

Da Heinrich II. ohne Kinder gestorben war, kam der Wahlgedanke stark zum Tragen. Wipo merkt hierzu an: „Pflegt sich doch Franken seine Könige zu wählen."[3] Zwar spielten Erbansprüche und Designation durch den Vater eine gewichtige Rolle bei der Thronfolge, der Wahlgedanke war aber auch im 10. und 11. Jahrhundert immer präsent und sollte gerade unter den Saliern neue

Dynamik erfahren. Interessant ist auch, dass Wipo von „Franken" (Francia) spricht, wenn er den Herrschaftsbereich des Königs beschreibt. Er meint damit keine Landschaft des Reiches, sondern das Reich an sich, welches in Anlehnung an die Franken benannt wird. Die Bezeichnung „deutsch" für das Reich und ‚Deutsche' für seine Bewohner kommt erst in der Salierzeit auf.

Das Staatsschiff des salischen Hauses

Bei der Wahl Konrads II. wurde der neue König als Garant des Fortbestandes verstanden. Von hier aus nahm unter den Saliern eine Entwicklung ihren Lauf, die zu einem stärker transpersonalen Herrschaftsverständnis und zu einer stärkeren Involvierung der Reichsfürsten führen sollte. Sinnfälligen Ausdruck findet diese Entwicklung in einem weiteren Zitat aus Wipo; dieser schrieb sein Werk unter Heinrich III. und projiziert damit einige Entwicklungen und Gedanken auf frühere Zeiten, wenn er von einer Auseinandersetzung zwischen der Stadt Pavia und Konrad II. berichtet. Die Paveser hatten nach dem Tod Heinrichs II. und vor der Wahl Konrads II. die Königspfalz in ihrer Stadt zerstört, ein Gebäude also, das unbestritten dem König gehörte. Gegen die entsprechenden Vorwürfe sollen sich die Städter nach Wipo mit dem Hinweis gerechtfertigt haben, dass es ja keinen König gegeben habe, als sie die Pfalz niederlegten. Hier werden König und Königtum in eins gesetzt. Dem hält Konrad II. entgegen: „Ich weiß, dass ihr nicht das Haus eures Königs zerstört habt, da ihr zu dieser Zeit ja keinen König hattet. Aber ihr könnt nicht leugnen, dass ihr ein königliches Haus zerstört habt. Wenn der König stirbt, so bleibt doch das Königtum bestehen, so wie ein Schiff bleibt, dessen Steuermann fällt. Es war ein öffentliches, kein privates Gebäude."[4] In der feinsinnigen Unterscheidung zwischen einem königlichen Haus (*domus regalis*) und dem Haus eines Königs (*domus regis*) wird der Wandel im Herrschaftsverständnis sinnfällig, der das Reich zur überpersonalen Größe werden lässt.

Die salischen Könige wurden in dieser Amtsauffassung auch von einem starken Dynastieverständnis getragen: Anlässlich der Wahl Konrads II. spricht Wipo erstmals von „einem Haus"[5], aus dem Konrad und sein gleichnamiger Neffe stammten. Die Salier verkörpern fast schon prototypisch das Familienverständnis des hochmittelalterlichen Adels. Konzentriert um einen Herrschaftssitz – im Falle der Salier: Worms – und memorial durch Hauskloster und Grablege repräsentiert – im Dom zu Speyer – wurde der Zusammenhang von Dynastie, Vererbung und adliger Macht verfestigt. Amtsträger begriffen sich als Teil einer dynastischen Reihe, Vererbung war ein wichtiger Bestandteil dieses Herrschaftskonzeptes: Die uns heute so vertrauten adligen Dynastien entstanden, man denke nur an das „Haus Habsburg".

Die Nachfolge von Vater und Sohn auf dem Königsthron über einen Zeitraum von beinahe 100 Jahren scheint dabei im Widerspruch zum oben skizzierten Wahlgedanken zu stehen. In der Tat gilt es, hier die erste und die letzte von den zwei mittleren Thronfolgen in der Zeit der Salierkönige zu unterscheiden: Konrad II. wurde 1024 von den Fürsten gewählt, ebenso wie sein Urenkel Heinrich V. 1106. Hier war die Entscheidung der Fürsten zugunsten eines Kandidaten entscheidend; dies bedeutete also ein Königtum, das in erster Linie auf der Wahl beruhte. Heinrich III. und Heinrich IV. wurden auch zum König gewählt (1028 und 1053), dies geschah aber zu Lebzeiten des Vaters auf dessen Betreiben hin und galt der

4.9.1024 Wahl Konrads durch die Großen des Reiches

1024/25 Umritt durch das Reich

1026 Designation Heinrichs III. zum Nachfolger

1026–27 Erster Italienzug – Krönung zum König von Italien; Revolte des Herzogs Ernst von Schwaben

26.3.1027 Kaiserkrönung durch Papst Johannes XIX.

1027 Anerkennung des Erbrechtes auf Burgund durch König Rudolf III. von Burgund

14.4.1028 Königskrönung Heinrichs III. in Aachen

1032 Tod Rudolfs III. von Burgund

2.2.1033 Konrad wird im Kloster Peterlingen zum burgundischen König erhoben

1035 Verlobung Heinrichs III. mit Kunigunde, der Tochter des englischen Königs Knut des Großen; Heirat 1036; sie stirbt 1038

1037–38 Zweiter Italienzug – vergeblicher Versuch den Mailänder Erzbischof Aribert zu unterwerfen

1038 Heinrich III. wird zum König von Burgund erhoben

4.6.1039 Konrad stirbt in Utrecht und wird im Speyerer Dom begraben

Konrad II.
Siegel, 1031.

Absicherung der Thronfolge im Sinne der Dynastie. Die zum Kaisertum aufgestiegenen Väter ließen ihre Söhne zu (Mit-)Königen wählen, um die Thronfolge zu sichern, was in beiden Fällen auch gelang. Die Thronfolge Heinrichs V. hingegen erfolgte in Opposition zu seinem Vater und ist daher nicht im Sinne einer Designation, sondern einer Stärkung des fürstlichen Einflusses zu deuten.

Die dynastische Konzeption verband sich bei den Saliern mit einem stark religiös geprägten Verständnis von Königtum. Dieses wurde nicht nur überpersonal und in familiärer Erbfolge gedacht, sondern auch in klarem Bezug zu Gott: Als Könige verstanden sich die Salier als Stellvertreter Christi, ihr Königtum als von Gottes Gnaden. Dies verschaffte ihrem Königtum eine besondere Legitimität, die unter anderem in der Salbung des Königs bei der Krönung ihren Ausdruck fand. Damit stand der König gleichsam zwischen den Geistlichen und den Laien und nahm eine Sonderstellung ein. Diese Haltung war zunächst keineswegs gegen die Kirche gerichtet, vor allem Heinrich III. sah sein Handeln durch hohe Verantwortung für die Kirche im Reich und in Rom geprägt.

Ein erfolgreicher Start für die Dynastie

Die Herrschaftszeit Konrads II. lässt sich als Erfolgsgeschichte erzählen. Als Erster aus seiner Familie stieg er zum Königtum auf und konnte dieses von 1024 bis zu seinem Tod 1039 behaupten. Aufstände gegen seine Herrschaft, wie durch Herzog Ernst II. von Schwaben, Graf Welf II. oder seinen Cousin Konrad den Jüngeren in den Jahren 1025 bis 1030, konnte er niederschlagen und letztlich unbeschadet überstehen. Unmittelbar nach seiner Krönung begab sich Konrad auf einen Krönungsumritt durch sein Reich. Mittelalterliche Königsherrschaft wurde wesentlich vor Ort und von Angesicht zu Angesicht ausgeübt. Strukturen und Kommunikationsmittel, die eine im modernen Sinne effiziente Verwaltung des Reiches von einer Hauptstadt aus ermöglicht hätten, gab es nicht. Auch wenn Speyer ein zentraler Ort des salischen Königtums war, an dem sich die Könige oft aufhielten, eine Hauptstadt war es nicht. So ging Konrad also 1024 daran, sich seinen Untertanen zu zeigen und große Teile seines Reiches zu besuchen. Zunächst begab sich das Herrscherpaar – König Konrad und seine Frau Gisela – nach Köln. Hier krönte Erzbischof Pilgrim von Köln Gisela am 21. September 1024 im Kölner Dom zur Königin; Erzbischof Aribo von Mainz hatte zwar Konrad am 8. September gekrönt, Gisela dies aber verweigert – wahrscheinlich aus kirchenrechtlichen Gründen. Aribo hatte wohl wegen zu enger Verwandtschaft Bedenken gegen die Ehe des Königspaares. Sein Kölner Amtsbruder teilte derartige Vorbehalte offensichtlich nicht. Mit der Krönung Giselas konnte er eine Tradition stiften: Fortan krönten die Erzbischöfe von Köln die deutschen Könige. Weiter ging es nach Aachen, wo Konrad symbolträchtig auf dem Thron Karls des Großen Platz nahm und sich so als dessen Nachfolger präsentierte. Die nächste Station war Sachsen.

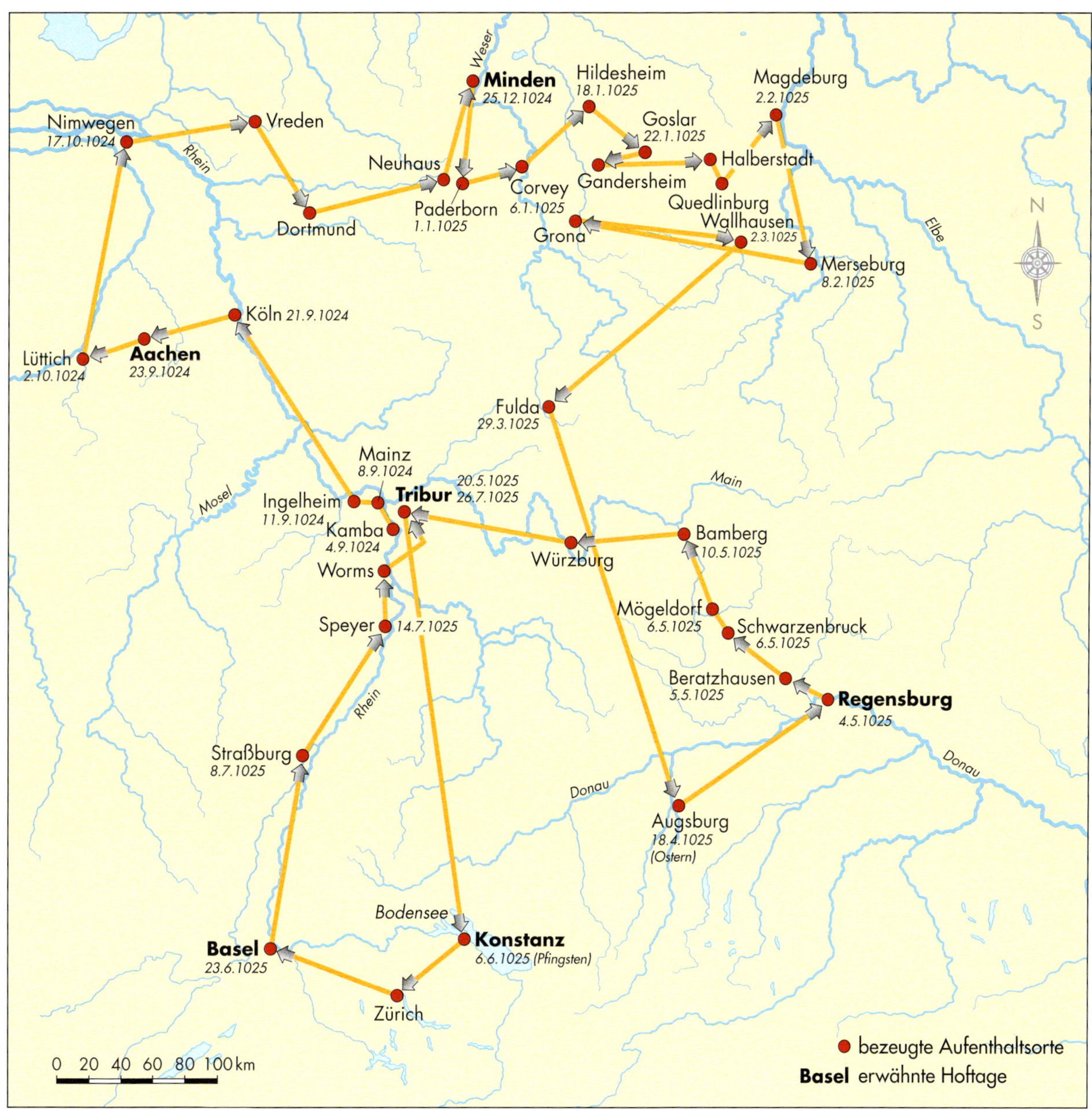

Königsumritt Konrads II. 1024/1025.

Der Karlsthron in Aachen aus weißem Marmor. Hier wurden zahlreiche deutsche Könige gekrönt, auch Heinrich III., Heinrich IV. und Heinrich V.

Nachdem die Sachsen mit den Liudolfingern Hein rich I. (919–936), Otto I. (936–973), Otto II. (973–983), Otto III. (983–1002) und Heinrich II. (1002–1024) für mehr als ein Jahrhundert die Königsfamilie gestellt hatten, musste ein nichtsächsischer König für sie einen Prestigeverlust bedeuten. Umso wichtiger war für Konrad, dass die sächsischen Großen ihn auf einem Hoftag in Minden Weihnachten 1024 huldigten. Im Frühjahr 1025 zog Konrad dann weiter über Fulda nach Schwaben und Bayern. In Konstanz brachten einige italienische Große im Juni 1025 ihre Unterstützung zum Ausdruck. Damit hatte Konrad große Teile seines Reiches persönlich besucht und herrscherlich erfasst.

Ausbau der Macht – Italien und Burgund

Ein nächster Schritt war 1026 der erste Italienzug Konrads. Das Königreich Italien (von den Alpen bis südlich von Rom) gehörte seit Karl und Otto dem Großen zum Einflussbereich des deutschen Reiches. Es lag also in Konrads Verständnis als Nachfolge der großen Kaiser, dass er die Reichsrechte in Italien einfordern wollte. Dies gelang mitunter nur auf militärischem Weg: Konrads Krieger zwangen Aufständische gewaltsam nieder. Im März 1027 konnte Konrad in Rom einziehen und hier eine weitere Tradition fortsetzen, die auf Karl und Otto den Großen zurückging. Karl hatte 800 das Kaisertum wieder begründet, Otto hatte es 962 wiederbelebt. Seither erhoben die deutschen Könige den Anspruch auf die Kaiserkrone, die als Fortsetzung des antik-römischen Kaisertums verstanden wurde. Die Kaiserkrönung Konrads II. und Giselas an Ostern 1027 (26. März) war eine der glanzvollsten des ganzen Mittelalters. Anwesend waren: die Könige Knut von Dänemark und Rudolf III. von Burgund, Abt Odilo von Cluny, der Thronfolger Heinrich (III.) sowie zahlreiche Bischöfe und weltliche Große aus Deutschland und Italien. Knut von Dänemark war freilich nicht zur Krönung Konrads nach Rom gekommen, sondern in eigenen Angelegenheiten am Tiber. Gerade mal zweieinhalb Jahre nach seiner Königskrönung hatte Konrad das salische Königtum gefestigt und zur Höhe des Kaisertums geführt.

Auch die Nachfolgeregelung des ersten Salierkönigs macht den dynastischen Anspruch und seine starke Stellung deutlich. Schon vor seinem Aufbruch nach Italien 1026 setzte Konrad seinen Sohn Heinrich als Nachfolger ein, falls ihm in Italien etwas zustoßen sollte. Wahr-

Kaiser Konrad II. und Kaiserin Gisela knien vor Christus. Bildseite aus einem Evangeliar für den Dom zu Speyer (zwischen 1043 und 1046). Vgl. dazu S. 27f.

scheinlich 1028 wurde in der Domkirche von Aquileia ein Fresko angebracht, das Konrad mit Frau und Sohn neben der thronenden Maria zeigt. (Vgl. den Kapitelanfang zu Konrad II.) König- und Kaisertum werden hier in dynastischen Dimensionen gedeutet. Ostern 1028 wurde Heinrich im Alter von zehn Jahren zum König gewählt und gesalbt, in einem anschließenden Umritt der Herrschaftsanspruch von Vater und Sohn demonstriert. Heinrich wurde obendrein mit der Herzogswürde in Bayern, Sachsen und Schwaben ausgezeichnet – eine bislang nicht dagewesene Machtfülle für den designierten Thronfolger. 1038 wurde er zum König von Burgund erhoben.

König Rudolf III. von Burgund, der 1027 an der Kaiserkrönung Konrads II. teilgenommen hatte, war 1032 kinderlos verstorben. Heinrich II. – Konrads Vorgänger auf dem Thron – hatte sich Erbansprüche auf Burgund auf zwei Grundlagen gesichert: Über seine Mutter Gisela von Burgund war er ein Neffe Rudolfs und außerdem 1018 sein Lehnsherr für das Königreich Burgund geworden. Damit sollte seine Nachfolge in das Königtum und die Verbindung Burgunds mit dem Reich gesichert sein. Allerdings starb Heinrich II. vor Rudolf III., und so stellte sich die Frage, ob diese Erbregelung an das Königtum oder die Person Heinrichs geknüpft waren. Konrad II. vertrat auch hier eine überpersonale Auffassung des Königtums und sah sich als Amts- und Rechtsnachfolger Heinrichs. Diese Vorstellung konnte er – unter anderem mit militärischen Mitteln – in Burgund durchsetzen und es für das Reich – und für seinen Sohn Heinrich – sichern.

Am 2. Februar 1033 – dem Fest Mariä Reinigung – ließ er sich von den burgundischen Großen zum König wählen und anschließend krönen. Fünf Jahre später übertrug er das Königreich seinem Sohn Heinrich. Burgund war nun in Personalunion zusammen mit Deutschland und Italien zu einer Trias der Königreiche vereint. Die Bedeutung dieses Zugewinns lag weniger in fiskalischen Dimensionen als in geostrategischen. Zu Burgund gehörten die wichtigsten westlichen Alpenpässe – Mont Cenis und Großer St. Bernhard. Damit war für die deutschen Könige der Zugang nach Italien gesichert und gleichzeitig Frankreich von Italien abgeschnitten.

Betrachtet man das Königtum Konrads II. aus der Perspektive des salischen Hauses, wird die Beurteilung positiv ausfallen. Das Königtum wurde für die Dynastie errungen und gesichert; die Autorität des Königtums konnte im Rahmen des zeittypisch Möglichen gefestigt und ausgebaut werden. Konrad ging dabei mitunter rücksichtslos und hart vor, um das, was er als sein gutes Recht ansah, durchzusetzen.

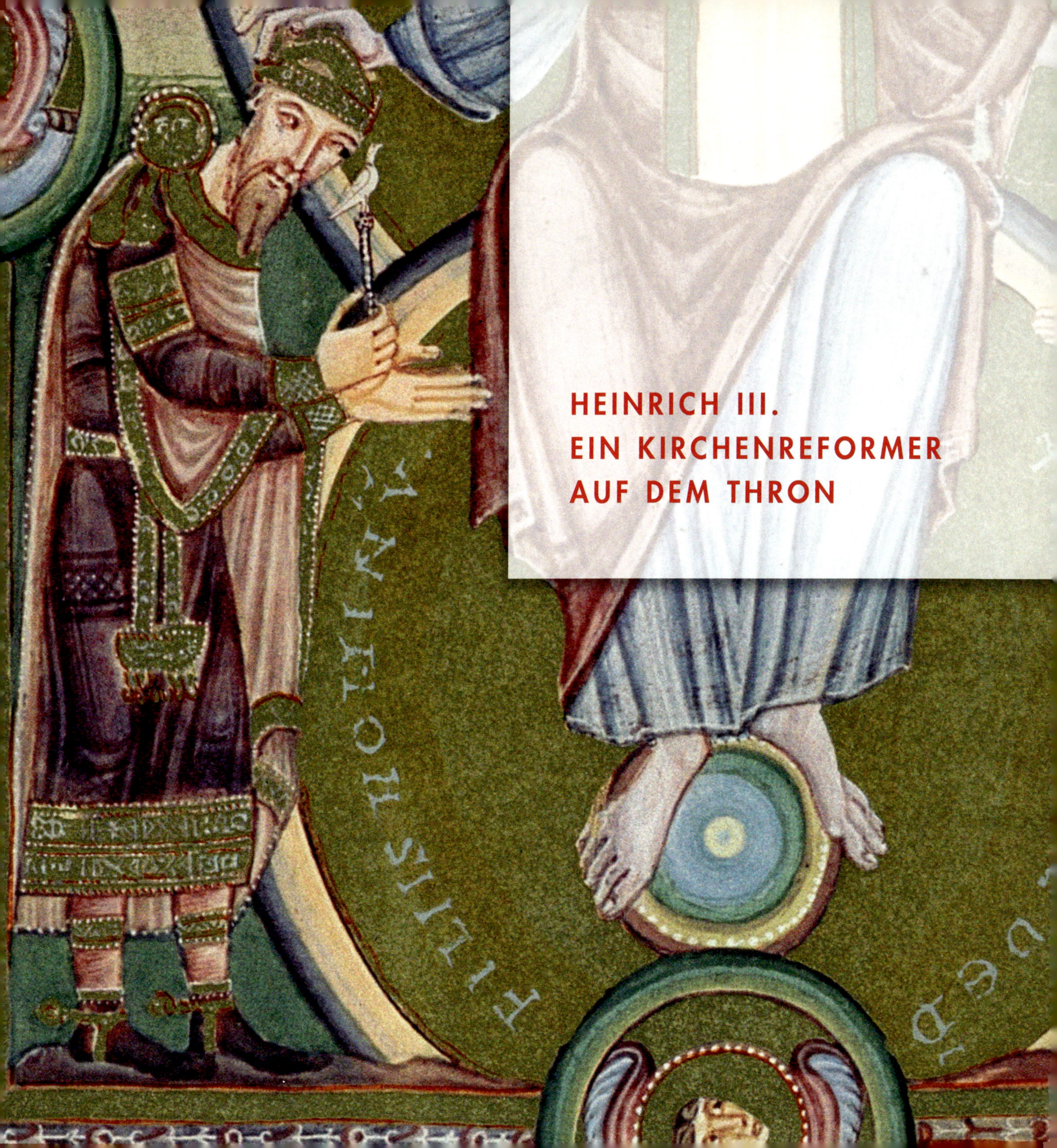
HEINRICH III.
EIN KIRCHENREFORMER
AUF DEM THRON

Die Kirchenreform

Mit Heinrich III. rücken erstmals Themen ins Zentrum, welche für die Salierzeit und die Wahrnehmung dieser Epoche fundamental sind: das Verhältnis von Welt und Kirche, die Reform der Kirche im 11. Jahrhundert und die Auswirkungen dieser Reform auf das Mit- und Gegeneinander von König- und Papsttum. Will man Heinrich III. und seiner Rolle in dieser Auseinandersetzung gerecht werden, muss man versuchen, seine Regierung von den tiefgreifenden Zerwürfnissen und Zerrüttungen zu trennen, die sich unter seinem Sohn Heinrich IV. einstellen sollten. Was etwa im Gang nach Canossa als tiefer Gegensatz zwischen salischem Königtum und Kirchenreform verstanden werden muss, hat unter Heinrich III. keineswegs im Sinne eines Antagonismus begonnen: Heinrich III. verstand sich als Anhänger und Förderer der Kirchenreform und setzte seine königliche Macht in diesem Sinne ein.

Die als Kirchenreform bezeichnete Bewegung war sehr vielschichtig und hatte verschiedene Ursachen und Ausformungen. Die Forschung unterteilt sie in eine Kloster- und eine Klerikerreform. Bei den Klöstern standen die Lebensweise der Mönche und die Wirkmacht ihrer Gebete, bei den Klerikern die Spendung der Sakramente im Vordergrund. Ein entscheidender Impuls und Hort der Klosterreform war das Kloster Cluny. 910 gründete Herzog Wilhelm I. von Aquitanien dieses Kloster in Burgund. Das Gebet der Mönche sollte seinem und seiner Familie Seelenheil dienen. Er ging davon aus, dass dies umso besser gelänge, je gottgefälliger die Mönche lebten. Daher legte er fest, dass sie von allen weltlichen Machteinflüssen – auch denen seiner Familie – und bischöflicher Kontrolle frei und nur dem Schutz des apostolischen Stuhles in Rom unterstellt sein sollten. Das Modell Cluny war enorm erfolgreich: Dem Kloster wurden andere Gemeinschaften zur Reform anvertraut, auf dem Höhepunkt gebot der Abt von Cluny über 1500 Gemeinschaften; Cluny selbst zählte Mitte des 12. Jahrhunderts beinahe 400 Mönche und hatte das größte Gotteshaus der Christenheit – und löste damit den Dom zu Speyer ab. Die Klosterreform fand nicht nur in Cluny oder der cluniazensischen Form statt und veränderte das Mönchtum nachhaltig. So schaffte der Reformverband von Cluny die Grundlage für das mittelalterliche Ordenswesen, in dem mehrere Klöster eine Gemeinschaft bildeten. Bis zum Reformprivileg für Cluny 931 hatte jede Abtei eine auf sich bezogene Einheit dargestellt.

Die Reform des Mönchtums und seiner Lebensform, die mit ihr neu an Bedeutung gewonnen hatte, konnte aber nicht die Probleme lösen, die man bei den Klerikern ausmachte. Mönche konnten durch ihre Gebete Einfluss auf das Seelenheil nehmen, aber nur geweihten Klerikern oblag die Sakramentenspende. Ihnen kam somit die tragende Rolle im alltäglichen Umgang der Gläubigen mit ihrer Kirche zu. Im 11. Jahrhundert wurden Ansprüche an den Lebenswandel der Kleriker formuliert, die zwar auf althergebrachten Vorstellungen basierten, in dieser Vehemenz aber neu waren. Ziel war die Reform des Klerikerstandes; damit meinte man ganz im Sinne des lateinischen *reformare* eine Rückkehr zu einem als besser verstandenen Urzustand. Nach mittelalterlichen Vorstellungen war altes Recht gutes Recht und somit waren gute Gewohnheiten und Zustände immer auch alt. Dem Neuen haftete ein eher schlechter Ruf an. Gerade in den Auseinandersetzungen des 11. Jahrhunderts wurden die verschiedenen Positionen immer wieder historisch begründet und auf eine gute, weil alte Zeit zurückgeführt.

Plan der Klosteranlage von Cluny (um 1700–1710). Zu sehen ist Cluny III., der dritte Kirchbau des Klosters, dessen Grundstein 1088 gelegt wurde. Der Bau war über 180 m lang und besaß einen Chorumgang mit fünf Kapellen und zwei Querschiffe.

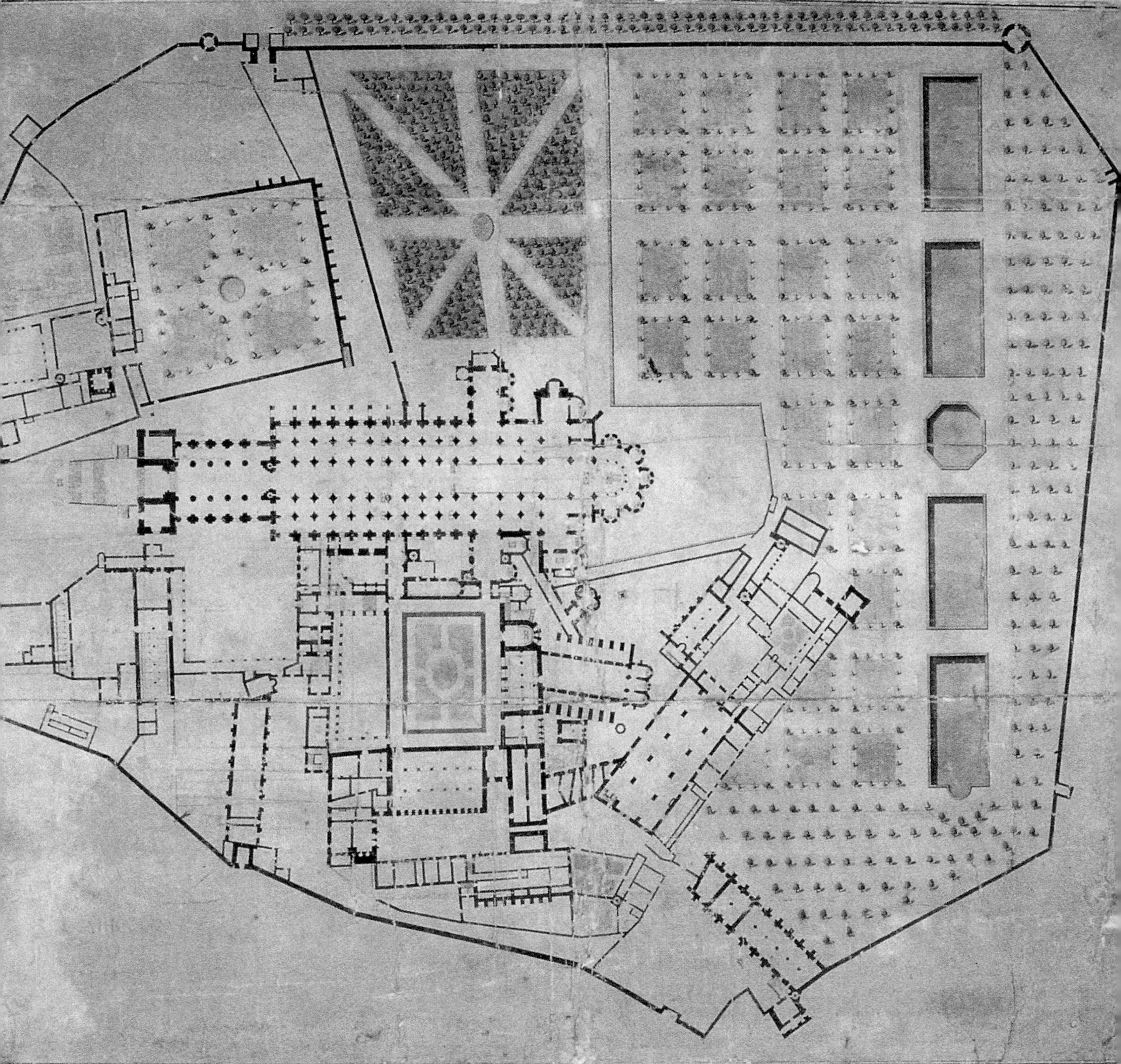

Die zwei Hauptanliegen der Klerikerreform richteten sich gegen die Simonie und den Nikolaitismus. Simonie bezeichnet das Erkaufen geistlicher Ämter und leitet sich von der neutestamentarischen Gestalt des Simon Magus ab; die Apostelgeschichte (8, 4–25) berichtet, er habe den Aposteln Geld für die Gabe geboten, den Heiligen Geist zu spenden. Geldzahlungen, etwa bei der Einsetzung in ein Bischofsamt, waren weit verbreitete Praxis und sind etwa auch für Konrad II. und die Vergabe des Bistums Basel belegt. Wipo berichtet: „Da flammte nun plötzlich simonistischer Mißbrauch auf, verging aber schnell wieder. König und Königin nahmen nämlich von dem vornehmen Priester Ulrich, der damals zum Bischof erhoben wurde, eine beträchtliche Geldsumme für die Bischofswürde."[6] Weiter betont der Chronist, dass Konrad Besserung gelobt und fürderhin auf simonistische Zahlungen meist verzichtet habe. Die Simonie wurde im 11. Jahrhundert unter zwei Gesichtspunkten kritisiert. In ihr manifestierte sich der Einfluss von Laien auf kirchliche Ämter und deren Vergabe. Während im Baseler Beispiel nur die Zahlung, nicht aber die Einsetzung durch den König an sich kritisiert wird, wurde die Haltung der Reformer in diesem Punkt rigoroser. Umstritten war auch, welche Auswirkungen die Simonie auf die Sakramente hatte. Waren diese unwirksam, wenn der sie spendende Kleriker Simonist war? Diese Position, die unter anderem von Papst Leo IX. vertreten wurde, konnte sich letztlich nicht durchsetzen. Petrus Damiani († 1072), Benediktiner und Kardinalbischof von Ostia und in der katholischen Kirche als Heiliger verehrt, verhalf der altkirchlichen Ansicht zum Sieg, dass die Gültigkeit der Weihe nicht von simonistischen Praktiken beeinträchtigt sei. Diese Argumentation geht auf den Kirchenvater Augustinus († 430) – und damit eine altehrwürdige Autorität – zurück,

zeugt aber auch von Pragmatismus. Eine Neuordinierung aller simonistischen Kleriker und eine Wiederholung aller von ihnen gespendeten Sakramente wären nicht durchführbar gewesen. Man entschied sich also, einen Schnitt zu machen.

Stärker auf den Lebenswandel der Kleriker zielte der Vorwurf des Nikolaitismus ab: Priesterehe oder -konkubinat. Der Zölibat als allgemein gültige Lebensform für Kleriker wurde im 11. Jahrhundert vehement eingefordert. Papst Nikolaus II. verfügte in einem Schreiben von 1059: „Dass niemand die Messe bei einem Priester höre, von dem er sicher weiß, dass er eine Konkubine oder eine eingeschmuggelte Ehefrau besitzt."[7] Durch sexuelle Handlungen sah man die Reinheit der Sakramente in Gefahr – in diesem Punkt wird der Zusammenhang von Heilsvermittlung und Lebensführung der Kleriker deutlich greifbar.

Ein Salier als Kirchenreformer

Diesen Veränderungen im kirchlichen Bereich stand der Salier Heinrich III. ausgesprochen positiv gegenüber. Wir können heute erkennen, dass in seiner Regierungszeit einige der Entwicklungen grundgelegt wurden, die unter seinem Sohn Heinrich IV. zu großen Zerwürfnissen führen sollten. Davon ist aber unter Heinrich III. zunächst nichts zu vermerken.

Heinrichs Königtum war stark von seinem Verhältnis zur Kirche geprägt. So weit man das heute feststellen kann, war er persönlich sehr fromm; sicher können wir sagen, dass er in seinem Königtum von einem hohen Sendungsbewusstsein getragen war. Anders als sein Vater Konrad war Heinrich als Königssohn auf seine Aufgabe sorgfältig vorbereitet worden: Er konnte lesen, schreiben, verstand Latein und war in theologischen Fragen bewandert. All das war keine Selbstverständlichkeit für einen mittelalterlichen König. Auch praktisch war der junge Thronfolger an das Regieren herangeführt worden und hatte zu Lebzeiten seines Vaters entsprechende Funktionen ausgeübt. Die Krone ging 1039 reibungslos vom Vater auf den Sohn über: Das salische Haus war als Herrscherhaus etabliert und unangefochten.

Heinrichs Königtum war in etlichen Facetten von einem christlichen Herrschaftsverständnis beeinflusst. Dies hing sicherlich auch mit seiner Ausbildung am Hof des Augsburger Bischofs Bruno zusammen. Bruno war ein Bruder Kaiser Heinrichs II. und konnte so seinem Schützling Heinrich entsprechende kaiserliche Wert- und Herrschaftsvorstellungen vermitteln. Mit Heinrich III. erreichte die theokratische Ausdeutung der Königs- und Kaiserherrschaft ihren Höhepunkt.

Christliches Herrscherverständnis in Bildern

Dies fand etwa in Illustrationen von Handschriften seinen Ausdruck, die der Herrscher in Auftrag gab – so in einer Abschrift der Evangelien (Evangeliar), die Heinrich im Kloster Echternach für die Domkirche in Speyer in den 1040er Jahren anfertigen ließ. Dem Text ist eine Reihe von Bildern vorangestellt. Das erste zeigt die Eltern Heinrichs III. – Konrad II. und Gisela – kniend zu Füßen Christi (siehe Seite 21). An den Bildrändern sind die Symbole der vier Evangelisten dargestellt: Adler (Johannes), Stier (Lukas), Mensch (Matthäus) und Löwe (Markus). Auf dem Bildrahmen verläuft eine lateinische Umschrift: „Vor deinem Angesicht beweine ich sehr meine Sünden. Lass mich deine Verzeihung erlangen, durch dessen Gabe ich Kaiser bin. Mit

Heinrich III.
(* 1017; † 1056; KÖNIG 1028; KAISER 1046)

1039 Problemloser Herrschaftsantritt

1040 Anerkennung als König von Burgund

1043 Heirat mit Agnes von Poitou (Tochter Herzog Wilhelms von Aquitanien; †1077)

1044 Aufteilung Lothringens nach dem Tod Herzog Gozelos I.; sein Sohn Gottfried der Bärtige tritt in Opposition zu Heinrich III.

1046–47 Erster Italienzug – Synode von Sutri und Rom (1046); lässt die rivalisierenden Päpste Benedikt IX., Silvester III. und Gregor VI. absetzen und Bischof Suidger von Bamberg zum Papst erheben (Clemens II.)

25.12.1046 Kaiserkrönung durch Clemens II.

1053 Wahl Heinrichs IV. in Tribur zum König

1054 Bruch zwischen Ost- und Westkirche

1056 Reformsynode in Florenz unter Papst Viktor II.

5.10.1056 Heinrich III. stirbt auf der Pfalz Bodfeld und vertraut seinen Sohn Papst Viktor II. an, Grablege in Speyer

Heinrich III. Siegel, 1051.

Heinrich III. und Agnes vor Maria. Evangeliar für Speyer (zwischen 1043 und 1046).

reinem Herzen bitte ich gemeinsam mit der Königin um die Freude des ewigen Friedens und Lichtes." Der Auftraggeber Heinrich wendet sich hier direkt an Christus: Er betont einerseits seine Sündhaftigkeit und Demut, indem er sich als weinender Herrscher präsentiert. Deutlich wird aber auch die Gottunmittelbarkeit seiner Herrschaft: Sein Kaisertum stammt direkt von Gott. Im Bildprogramm wird die Bedeutung der Familientradition der Salier sichtbar: Konrad und Gisela sind auf dem ersten, Heinrich und seine Frau Agnes auf dem zweiten Bild (links) gezeigt: Heinrich übergibt der in der Mitte thronenden Maria ein Buch, diese segnet Agnes. Dies ist das Widmungsbild der Handschrift, auf der das Evangeliar übergeben wird. Maria wird hier als Patronin des Domes zu Speyer angesprochen, der im Bildhintergrund dargestellt ist. In beiden Bildern wird die Nähe der Salier zur himmlischen Sphäre betont. Die Köpfe der verstorbenen Vorfahren Konrad und Gisela ragen in die Christus umgebende Mandorla hinein. Unter Rückgriff auf das gleiche Stilelement wird der Anspruch Heinrichs in einem späteren Bild noch deutlicher (rechts): Es entstammt dem Goslaer Evangeliar und wurde um 1051 angefertigt. In Goslar hatte Heinrich ein Stift zu Ehren Mariens und der Apostel Simon und Judas gestiftet, zur Ausstattung gehörte auch das Evangeliar. Das erste Bild dieser Handschrift zeigt Heinrich und seine Frau Agnes, die von Christus gekrönt werden. Das Gottesgnadentum kommt auch im Bildtitel zum Ausdruck: PER ME REGNANTES VIVANT HEINRICUS ET AGNES. („Durch mich regieren Heinrich und Agnes, sie sollen leben"). Hier wird dem Herrscherpaar das ewige Leben versprochen, durch die Nähe zu Christus auch im Bild verdeutlicht. Innerhalb der beiden Sphären, die um Christus gezeichnet sind, findet sich der Herrschaftsanspruch des Saliers überdeutlich. In der

Heinrich III. und Agnes vor Christus. Evangeliar für Goslar (um 1051).

PERME REGNAN TES· VIVANT
HEINRICVS ETAGNES·
+ CAELVM CAE LI DÑO +
FILIIS HOMINVM TERRA AVTE DEDIT

oberen – mandelförmigen – Zone steht „Den Himmel [gab ich] dem Herrn des Himmels“ und in der unteren „die Erde aber gab ich den Kindern der Menschen“. Die Analogie zwischen der Herrschaft Gottes im Himmel und der des Kaisers auf Erden unterstreicht dessen Machtanspruch. Interessant ist auch der Wandel, den man in der Darstellung der Agnes ablesen kann. Sie trägt wie Heinrich selbst einen Purpur und ein Zepter und ist damit gegenüber dem Speyerer Widmungsbild deutlich aufgewertet. Der Grund ist in der Geburt des lang ersehnten Thronfolgers zu sehen: 1050 hatte Agnes Heinrich (IV.) geboren und damit den Fortbestand der Dynastie gesichert. Die Rolle der Königin erscheint hier klar auf die Sicherung der Thronfolge konzentriert.

Heinrichs Königtum ist also demütig und autoritativ zugleich – der König als frommer Christ und als fast allmächtiger Herrscher. Anlässlich des Begräbnisses seines Vaters in Speyer zeigte sich Heinrich ganz demütig und trug eigenhändig die Bahre mit. Neben Demut sollte hier sicherlich auch die dynastische Tradition verdeutlicht werden. Heinrich führte das Königtum seines Vaters fort, setzte aber gegenüber der Kirche andere Akzente. So nahm er gänzlich von allen simonistischen Praktiken bei Bischofseinsetzungen Abstand. Aus seinem theokratischen Verständnis heraus machte er sich für die Reform der Kirche stark und bezog dabei auch das Papsttum mit ein. Im Sinne der Klerikerreform waren auch die römischen Bischöfe dem Vorwurf der Simonie ausgesetzt.

Der König als Richter über das Papsttum

Das Papsttum war zum Spielball stadtrömischer und italienischer Adelsfamilien geworden. Weniger die Eignung eines Kandidaten, sondern dessen Partei- oder Familienzugehörigkeit entschieden, wer Papst wurde. 1032 war Benedikt IX. gewählt worden, der Neffe seiner beiden Vorgänger und aus dem Geschlecht der Tuskulanen. Er war der dritte Papst aus dieser Familie in Folge. Im Jahre 1045 erhob die rivalisierende Familie der Creszentier mit Silvester III. einen eigenen Papst. Im gleichen Jahr verzichtete Benedikt auf sein Amt, aber nicht zugunsten von Silvester, sondern für Johannes Gratianus, einen moralisch untadeligen Freund der Tuskulanen, der sich Gregor VI. nannte. Bei diesem Amtswechsel ist offensichtlich Geld geflossen, wenn auch eine persönliche aktive Beteiligung Gregors unwahrscheinlich ist. Gebilligt hat er die simonistischen Zahlungen aber offenbar. Silvester III. hielt an seinen Ansprüchen fest.

Heinrich III. überquerte im September 1046 die Alpen; er war auf dem Weg nach Rom, um sich zum Kaiser krönen zu lassen. Mit Gregor VI. wurden zunächst erfolgreiche Verhandlungen über die Krönung geführt. Auf dem Weg nach Rom änderte Heinrich III. aber seine Meinung. Am 20. Dezember wurde in Sutri – etwa 50 Kilometer nördlich von Rom – eine Synode abgehalten, die sich mit den Päpsten Benedikt IX. und Silvester III. befasste. Die Synode ging auf die Initiative Heinrichs III. zurück und wurde von Gregor VI. geleitet. In Anbetracht seiner Kaiserkrönung wollte der Salier offensichtlich allen Zweifel am Papst und damit auch an seiner anstehenden Krönung beseitigen. Der genaue Verlauf der Synode und alle kirchenrechtlichen Details lassen sich nicht ganz zweifelsfrei rekonstruieren. Klar ist, dass am Ende auf Betreiben Heinrichs III. alle drei Päpste ihrer Würde für verlustig erklärt wurden. Auch wenn formal kein Schisma bestanden haben mag und Heinrich die Päpste nicht persönlich abgesetzt hat, so ist nicht von der Hand zu weisen, dass die Entwicklung durch seinen Einfluss gesteuert wurde. Aus seinem kirchenreformerischen Verständnis

Diese Miniatur (um 1120) zeigt den heiligen Petrus auf dem Thron in einer schematischen Darstellung der Stadt Rom. Hier wird der Primatsanspruch des Papsttums verbildlicht.

Ab adā usq; ad urbē cōditā anni IIII d & vi cōput. scdm LXX genes
tudo CC pedū msurā ht
ROMA
Sī in eccla atraru lxxy t
& ab Vrbe usq; ad Xviii anni dcclii. cōpu. put. Hoc sc ꝟce Lviii
PE TꝶS.
CRVX
Anno dñi Xlv regnante imperatore Claudio petrus apłs ioi ẏꝑ cat eu in urbe romā oꝛdinauit & claꝶ tē oꝛcuit.
& in ea thedra apostolica anno xxva mensꝰ ẏ ii s. dit & p passione dñi annꝰ xxv ẏ iii nonꝰ iulꝰ ne iubēt crucifigit.

Päpste	Pontifikat	Gegenpäpste
(in der Rückschau als legitim definiert)		(in der Rückschau als Usurpatoren definiert)
Johannes XIX.	1024–1032	
Benedikt IX.	erstes Pontifikat:	
	1032–1044	
	1045–1046	Silvester III.
Benedikt IX.	zweites Pontifikat:	
	1045	
Gregor VI.	1045–1046	
Clemens II.	1046–1047	
Benedikt IX.	drittes Pontifikat:	
	1047–1048	
Damasus II.	1047–1048	
Leo IX.	1049–1054	
Victor II.	1055–1057	
Stephan IX.	1057–1058	
	1058–1059	Benedikt X.
Nikolaus II.	1059–1061	
Alexander II.	1061–1073	
	1061–1064	Honorius II.

heraus hatte Heinrich alle Ungereimtheiten um die Besetzung des Stuhles Petri beseitigt. Die Synode von Sutri war kein antikirchlicher oder selbstherrlicher Akt, sondern zeugte von der Sorge Heinrichs um die Kir-che (und seine Kaiserkrone) ebenso wie von seinem herr-scherlichen Selbstverständnis. Als Stellvertreter Christi auf Erden und von Gott eingesetzter Herr über die Men-schen war es Heinrichs Aufgabe, in die Wirrungen um das Papsttum einzugreifen. So zumindest dürfte er seine Rolle in Sutri verstanden haben; dass ihm darin nicht alle Zeitgenossen gefolgt sind, werden wir gleich sehen.

Bleiben wir zunächst bei den Ereignissen vom Dezember 1046. Nach Sutri musste ein neuer Papst gefunden werden. Also berief Heinrich zum 24. Dezember eine Synode nach Rom ein, die Bischof Suidger von Bamberg zum Papst wählte; er gab sich den Papstnamen Clemens II. Unmittelbar nach seiner Inthronisation am Weihnachtstag krönte dieser Papst Heinrich III. und seine Frau Agnes zu Kaiser und Kaiserin.

Betrachtet man die Ereignisse von 1046 gleichsam im Telegrammstil, ergeben sie ein vermeintlich klares Bild: Heinrich zieht nach Italien, setzt Päpste ab, bestimmt einen neuen Papst aus seinem Reich und lässt sich von diesem zum Kaiser krönen. Fügt man dann noch hinzu, dass auf Clemens II. drei weitere Päpste aus Deutschland folgten, die alle von Heinrich III. eingesetzt worden sind, verfestigt sich das Bild eines Königs, der nach Belieben über die Kirche verfügt und sie für seine Interessen nutzt. Dem war nicht so. An der kirchenfreundlichen und proreformerischen Gesinnung Heinrichs kann kein Zweifel bestehen. Sein Vorgehen gegen Gregor VI. ist im Sinne des reformerischen Eifers gegen die Simonie zu werten und wurde von dem Verständnis getragen, dass die Kirche der Reform bedurfte. Heinrich sah keinen Widerspruch darin, dass diese Reform von ihm, also nach unserem Verständnis von außen kam. Die klare Trennung in weltliche und geistliche Sphäre und die eindeutige Verortung des Königs in der weltlichen ist eine Entwicklung, die erst aus der Kirchenreform folgen sollte – ebenso wie die Vorstellung von der Sonderstellung und Nicht-Richtbarkeit des Papstes. Diese Konzepte, die später zu heftiger Kritik am Vorgehen Heinrichs in Sutri geführt haben und die Vorgänge im Rückblick als einen wichtigen Schritt hin zur Reform erscheinen lassen, waren 1046 noch nicht so klar. Die Ernsthaftigkeit, mit der Heinrich sich um die Kirche bemühte, wird deutlich, wenn man die von ihm eingesetzten Päpste und ihr Wirken betrachtet. Für Heinrich stellten Kirchenreform und salisches Königtum keine Gegensätze dar.

Vier deutsche Päpste – Kirchenreform und Papsttum

Von 1046 bis 1057 folgten vier Bischöfe aus dem Reich hintereinander auf den Papstthron: Suidger von Bamberg/ Clemens II. (1046/47), Poppo von Brixen/Damasus II. (1047/48), Brun von Toul/Leo IX. (1049–54) und Gebhard von Eichstätt/ Viktor II. (1055–57). Ihre Pontifikate leiteten Veränderungen ein, welche das Papsttum bis heute prägen: Ab 1046 wurden Bischöfe zu Päpsten ernannt oder gewählt. Dem stand eigentlich ein alttestametarisches Translationsverbot entgegen, das besagte, dass ein Bischof dauerhaft an seine Diözese gebunden sein sollte. Der Doppelbelastung von Papsttum und Bischofsamt trugen die Päpste seit dem frühen 12. Jahrhundert regelmäßig durch die Aufgabe der ursprünglichen Bischofswürde Rechnung. Mit Vorläufern im ausgehenden 10. wurde es ab der Mitte des 11. Jahrhunderts üblich, dass ein Papst sich einen neuen, einen Papstnamen gab. Durch Rückbe-

Päpste	Pontifikat	Gegenpäpste
(in der Rückschau als legitim definiert)		(in der Rückschau als Usurpatoren definiert)
Gregor VII.	1073–1085	
	1084–1100	Clemens III.
Viktor III.	1086–1087	
Urban II.	1088–1099	
Paschalis II.	1099–1118	
	1100	Theodoricus
	1102	Albertus
	1105–1111	Silvester IV.
Gelasius II.	1118–1119	
	1118–1121	Gregor VIII.
Calixt II.	1119–1124	
	1124	Cölestin II.
Honorius II.	1124–1130	

Päpste aus dem römischen Stadtadel

Päpste, die die Kirchenreform unterstützten

Päpste, die von deutschen Königen eingesetzt wurden

Päpste, bei deren Einsetzung der Königshof beteiligt wurde

Ausschnitt aus dem Privileg Papst Leos IX. vom 27. Juli 1052. Links ist die kreisförmige Rota zu sehen. Der Doppelkreis symbolisiert den Erdkreis. In den Kreuzarmen steht LEO •P• für Leo Papa (Papst Leo). Die Buchstaben des Monogramms rechts ergeben BENE VALETE („Lebt wohl").

ziehung auf Amtsvorgänger wurden auf diese Weise programmatische Schwerpunkte des kommenden Pontifikats deutlich gemacht. So nahm Leo IX. auf den spätantiken Leo I., den Großen, (440–461) Bezug; dieser hatte sich vehement für die Vorrangstellung des Papstes über die Bischöfe eingesetzt (päpstlicher Primat).

Auch die Papstwahl durch das Kardinalskollegium ist eine Neuerung aus der Mitte des 11. Jahrhunderts und Teil der Reformbemühungen: 1059 wurde erstmals ein Vorwahlrecht der Kardinäle festgelegt, welches dann 1179 auf die heute noch gültige Form konkretisiert wurde: Der Papst wird ausschließlich von den Kardinälen, und zwar mit zwei Dritteln der Stimmen, gewählt. Das Konklave ist eine Erscheinung des 13. Jahrhunderts.

Die einschneidendste Neuerung war aber die hierarchische Ausrichtung der Kirche auf das Papsttum – wie in der Namenswahl Leos IX. angelegt. Die Päpste verstanden sich nicht mehr nur als Bischöfe von Rom mit einem Prestigevorsprung vor ihren Amtsbrüdern, sondern als Spitze der Kirche mit Führungsanspruch über die ganze Christenheit. Die Kirche wurde zur Papstkirche und die Päpste suchten die ganze katholische Christenheit zu erreichen. Dieser Führungsanspruch war zwar schon länger theoretisch formuliert worden, aber vor allem mit Papst Leo IX. wurde er auch umgesetzt. Aus einer stadtrömischen Institution wurde die Spitze der Gesamtkirche, durchaus in monarchischer Tradition: Papstkrönung, Papstthron und Papstgewand in Purpur, all dies waren Symbole, die man vom Kaisertum übernommen hat. Diese Öffnung der Kirche über Rom hinaus ist auch von der Tatsache befördert worden, dass die vier genannten Päpste nicht aus Rom kamen, sondern Reichsbischöfe waren.

Auch der Verwaltungsapparat wurde modernisiert und mit außerrömischen Kräften bestückt: Die Kurie als leistungsfähige Zentrale entstand. Der Begriff erscheint erstmals 1089. Seit Leo IX. sind Kardinäle als Berater des Papstes belegt. Die Päpste entschieden in innerkirchlichen Streitfällen, ohne auf die entsprechenden Anfragen aus den Diözesen zu warten, sie bereisten die Christenheit und hielten vor Ort Synoden ab. Vergleichbar mit dem Krönungsumritt der Könige versuchten die Päpste ihren Einflussbereich zu durchdringen. Dadurch entstand ein päpstlicher Zentralismus, der nicht nur die Organisation der Kirche betraf, sondern auch selbst zu einem Glaubensinhalt wurde. Ungehorsam gegenüber dem Papst wurde zur Häresie.

Heinrich III. – ein guter König?

Heinrich III. hat diese Entwicklungen durch seine Personalpolitik und seine Haltung zur Kirchenreform mit angestoßen. Sein Königtum bestand dabei nicht nur aus seinem Verhältnis zur Kirche. Die moderne Forschung ringt immer wieder um eine abschließende Beurteilung seiner Herrschaft. Dabei dreht sich vieles um die Frage, ob die Krisen, die sein Sohn Heinrich IV. zu gegenwärtigen hatte, schon von Heinrich III. verursacht wurden oder ob dessen König- und Kaisertum als Glanzpunkt mittelalterlicher Herrschaft gelten kann. Im Sinne der salischen Dynastie wirkte Heinrich zunächst eindeutig erfolgreich. So unangefochten wie er die Nachfolge seines Vaters antreten konnte, so unproblematisch gestaltete sich der Übergang auf seinen Sohn Heinrich IV. Dieser wurde 1150 geboren, als sein Vater schon über ein Jahrzehnt an der Macht war. Die Sorge um die Nachfolge trieb Heinrich bis zu diesem Zeitpunkt um; davon zeugen zahlreiche kirchliche Stiftungen, die zur Geburt eines Sohnes beitragen sollten. 1037, 1045, 1047 und 1048 hatten die Frauen Heinrichs, Kunigunde und – nach deren Tod – Agnes, Töchter auf die Welt gebracht – Nachkommen, die im dynastischen Verständnis des 11. Jahrhunderts nicht für die Thronfolge infrage kamen. Dem Beispiel seines Vaters folgend ließ Heinrich III. seinen Sohn zum Mitkönig wählen. Dies geschah, als dieser drei Jahre alt war, 1053 in Tribur; im gleichen Jahr wurde der Thronfolger mit dem Herzogtum Bayern ausgestattet. Beim Tod seines Vaters 1056 war Heinrich IV. fünf Jahre alt. Das Königtum ging dennoch unangefochten an ihn über, was sich sicherlich als Erfolg der salischen Dynastie und Heinrichs III. verstehen lässt. Dessen unerwarteter früher Tod – Heinrich starb im Alter von 38 Jahren – hängt gleichsam wie ein Schatten über seiner Regierung.

Hätte er die Probleme, die in den 1040er Jahren deutlich wurden, in den Griff bekommen?

Im Urteil eines Zeitgenossen zeigt sich, dass Heinrichs Herrschaftsstil als herrisch und unangemessen empfunden wurde. Othloh von St. Emmeram (Regensburg) berichtet von einer Vision, die ein Römer auf dem Weg zum Kaiser gehabt haben soll. Entscheidender Punkt der Vision ist die Tatsache, dass der Kaiser sich weigert, einen Armen zu empfangen und ihm zu seinem Recht zu verhelfen. Hier kommt das klassische Motiv zum Tragen, nach dem ein Herrscher sich um die Armen (und die Witwen und Waisen) zu kümmern habe. Der Kaiser, der sich nicht um die Rechtsprechung und damit die Friedenswahrung kümmert, kommt seinen Herrscherpflichten nicht nach. Heinrich hatte sich offenbar von seinen Untertanen entfernt, sein Herrschaftsstil rief Befremden hervor. Anders als sein Vater Konrad suchte Heinrich seine Herrschaft stärker auch gegen die Großen im Reich durchzusetzen. Er betonte den Amtscharakter der Herzogtümer, die er aus seiner königlichen Vorrangstellung heraus an ihm genehme Personen vergab. So kam es zu Konflikten mit Adligen, die sich übergangen fühlten und bereit waren, ihre Ansprüche gegen den König auch militärisch umzusetzen.

Der Konflikt mit Gottfried dem Bärtigen, Herzog von Oberlothringen, dauerte im Prinzip die ganze Regierungszeit Heinrichs über an. Heinrich hatte beim Tod von Gottfrieds Vater – Gozeloh I. – entschieden, dessen Herzogtum Lothringen zu teilen. Mit dieser Zurücksetzung war Gottfried nicht einverstanden. Hier wird ein Dilemma der Königsherrschaft im 11. Jahrhundert deutlich: Nach dem Tod eines Herzogs wurde vom König eine Entscheidung über dessen Nachfolge erwartet; dem Spielraum des Königs setzten aber die Erwartungen der Adligen gewisse Grenzen, mitunter schlossen sich diese Erwartungen auch gegenseitig aus. Heinrich musste sich mit diesen Erwartungen unter anderem kriegerisch auseinandersetzen, was in der Spätphase seiner Regierung zu bürgerkriegsähnlichen Zuständen führte. Dies stand in klarem Gegensatz zum Anspruch eines christlichen Friedenskönigs. Der Konflikt mit Gottfried war beim Tode des Kaisers ungelöst.

Auch auf dem Feld der Kirchenpolitik schlug Heinrich Kritik entgegen. Sein Vorgehen in Sutri wurde von einigen Kirchenvertretern als Übergriff und Anmaßung empfunden; es regten sich Stimmen, die es für untragbar hielten, dass der Kaiser über den Papst zu Gericht sitzen sollte. Drastisch formulierte dies Wazzo von Lüttich an den Kaiser: „Eine andere ist sie [die Weihe des Königs] und weit von der priesterlichen unterschieden, diese Eure Weihe […], weil Ihr ja schließlich durch diese zum Töten, wir aber auf Geheiß Gottes zum Lebendigmachen gesalbt worden sind; von daher ergibt sich der Schluss: um wieviel das Leben stärker ist als der Tod, um soviel besser ist ohne Zweifel unsere Weihe als die Eure."[8] Hier wird eine Unterordnung der Königssalbung unter die der Priester behauptet und damit die Argumentation zurückgewiesen, dem König stehe die Einmischung in kirchliche Angelegenheiten qua Salbung zu. Vielmehr ist hier der Primatsanspruch der Kirche gegenüber dem Königtum greifbar, der sich alle Einmischung – wie in Sutri – verbietet.

Trotz aller Anfeindungen und Probleme war Heinrich III. zweifellos ein bedeutender König. Der dynastische Gedanke der Salier fand in ihm einen Fortsetzer – ja mehr noch: Heinrich hat das Kaisertum als an seine Dynastie geknüpft verstanden und diesem Gedanken im prominentesten Bauwerk der Salierzeit Ausdruck verliehen: dem Dom zu Speyer.

HEINRICH IV.
DER KÖNIG, DER NACH
CANOSSA GING

Ein Kind als König

Heinrich IV. war beim Tod seines Vaters fünf Jahre alt. Er war zwar 1053 zum König gewählt worden, konnte diese Position aber aufgrund seiner Minderjährigkeit nicht eigenverantwortlich ausfüllen. Von 1056 bis etwa 1065, als der König mehr und mehr eigene Verantwortung übernahm, handelten andere in seinem Namen. Dies waren zunächst seine Mutter, die Kaiserin Agnes, und dann Erzbischof Anno von Köln. Formal galt Heinrich trotz seines Alters als vollgültiger Herrscher. Seine erste Urkunde als König hat Heinrich IV. am 5. Dezember 1056 ausgestellt – also acht Wochen nach dem Tod seines Vaters –, und sie bezeichnet den Sechsjährigen als König: *Heinricus divina favente clementia rex* – Heinrich, König von Gottes Gnaden.

Für einen reibungslosen Übergang der Regierungsgeschäfte sorgte Papst Viktor II., der gleichzeitig Bischof von Eichstätt war. Ihm hatte Heinrich III. diese Aufgabe auf dem Totenbett anvertraut, und Viktors verantwortungsvolles Handeln belegt, wie gut das Verhältnis von Papsttum und Königtum 1056 gewesen ist. Die Regierung der Königsmutter Agnes fand bei den Großen des Reiches Akzeptanz, was auch als Indiz für Ansehen und Festigkeit der salischen Dynastie verstanden werden kann. Angesichts der jungen Jahre des Königs stellte man sich auf eine längere Regentschaft ein. Agnes vergab im Namen ihres Sohnes die Herzogtümer Bayern (an Otto von Northeim), Schwaben (an Rudolf von Rheinfelden) und Kärnten (an Berthold von Zähringen) neu, sie veranlasste Seelgerätstiftungen zugunsten ihres Gemahls Heinrich III. an die Kirchen von Speyer und Utrecht. Kaiserin Agnes regierte unbestritten.

Dennoch stellte die Minderjährigkeit des Herrschers für das mittelalterliche Königtum immer eine Herausforderung dar. Wenn Herrschaft von Angesicht zu Angesicht erfolgte, handfest umgesetzt werden musste und auf Beratung, Ausgleich und Konsens basierte, dann waren der Herrschaft eines Kindes Grenzen gesetzt. Den adligen Großen fehlte ein Stück weit der Widerpart, an dem sie sich orientieren konnten; die Zeit der Minderjährigkeit barg aus der Sicht des Königtums immer die Gefahr, dass man sich an ein Reich ohne aktiven und initiativen König gewöhnte. In der Bibel (Prediger 10, 16) steht: „Wehe dem Land, dessen König ein Kind ist, und dessen Fürsten in der Frühe tafeln." Um dieses Zitat wusste man auch im 11. Jahrhundert.

Die Regentschaft Heinrichs IV. war für das Verhältnis zu den Fürsten entscheidend. Im April 1062 kam es hier zu einer tiefgreifenden Wende: Erzbischof Anno von Köln ließ den jungen König entführen und nach Köln bringen. Dieser sogenannte „Staatsstreich von Kaiserswerth" wird uns in aller Dramatik von Lampert von Hersfeld († nach 1081) beschrieben. Die Verschwörer lockten den Jungen auf ein prächtig geschmücktes Schiff, welches im Rhein bei Kaiserswerth vor Anker lag. Mit dem König an Bord ruderten sie schnell in die Mitte des Flusses; Heinrich sprang voller Angst ins Wasser und wäre beinahe ertrunken, wenn nicht Graf Ekbert ihm nachgesprungen wäre und ihn wieder ins Boot gebracht hätte. Anno von Köln bemächtigte sich also des Königs; eine Reaktion der Regentin Agnes blieb bemerkenswerterweise aus. 1061 hatte sie den Schleier genommen und ewige Keuschheit geschworen, ein Gelübde, das sie in die Nähe einer Nonne rücken und ihre Frömmigkeit betonen sollte. Damit schied sie praktisch aus der Regentschaft aus. Der Übergriff auf die Person des Königs bei Kaiserswerth legt nicht

HEINRIC' REX
HEINRIC' IMP'
CHONRAD' REX
EBERHARD' E
S' RAMVOLD' ABBAS
ROTPERT' ABB'

Die Schwertleite
Heinrichs IV. 1065 ist
ein möglicher Termin
seiner Volljährigkeit,
was aber nicht zwingend
mit eigenständigem
Regierungshandeln
gleichzusetzen ist. Hier
die Darstellung einer
Schwertleite aus dem
14. Jh.: Jungen Männern,
mit zum Gebet erhobenen
Händen, werden die
Schwertgürtel umgelegt.

nur die Unzufriedenheit zumindest einiger Fürsten offen, sondern auch die Bedeutung des Königs, trotz oder gerade wegen dessen Minderjährigkeit. Es war die Verfügungsgewalt über den Herrscher, die Anno von Köln anstrebte, weil damit die Richtlinienkompetenz im Regierungshandeln verbunden war. Dabei war sich Anno ganz offensichtlich der Ungeheuerlichkeit seines Vorgehens bewusst. Er habe – so berichtet Lampert von Hersfeld – verkünden lassen, dass künftig derjenige Bischof, in dessen Diözese sich der König aufhalte, für die Staatsgeschäfte verantwortlich sei. So wollte Anno seiner Aktion offenbar den Anschein geben, Teil eines übergeordneten Konzeptes zu sein. Dieses Rotationssystem der episkopalen Regentschaft wurde freilich nie umgesetzt. Bemerkenswert bleibt die Sorge der Kirchenmänner für die Belange des Reiches, die hinter dieser Aktion stand.

Die moderne Forschung hat immer wieder darüber gemutmaßt, was die Entführung bei Heinrich IV. ausgelöst haben mag. Wie immer stehen wir hier vor der Schwierigkeit, das Innenleben eines mittelalterlichen Herrschers nur sehr bedingt abbilden zu können. Diese Kindheitserfahrung lässt sich im Sinne eines Traumas mit Entwicklungen und Verhaltensmustern des erwachsenen Heinrich in Verbindung bringen: Eine Abneigung gegen Anno von Köln ist ebenso belegt wie ein gewisses Misstrauen gegenüber Grundformen der konsensualen Herrschaft und Abstimmungen mit den Großen seines Reiches. Sicherlich war der Vorgang selbst ein Schock für das Kind, vielleicht auch eine grundlegende Kränkung des herrscherlichen Egos.

Auf seine Erfahrungen aus der Minderjährigkeit allgemein – nicht nur bezogen auf Kaiserswerth – wird eine gewisse Vorliebe des Königs für Ministeriale zurückgeführt. Ministeriale waren ursprünglich unfreie Dienst-

Sanctus
episcopus
Anno
coloniensis

leute, die sich durch einen qualifizierten Dienst – etwa Botenritte zu Pferd – aus der Menge der übrigen Bediensteten abhoben und nach und nach zu einer abgeschlossenen gesellschaftlichen Gruppe geworden waren. Diese Vorgänge können wir im 11. Jahrhundert beobachten, im 12. Jahrhundert verloren die Ministerialen dann etliche Charakteristika der Unfreiheit und stiegen zu einem reichsgeschichtlich einflussreichen Machtfaktor auf. Während Agnes' Regentschaft und daran anknüpfend auch unter Heinrich selbst stellten sie eine personelle Alternative zum Hochadel dar. Sie wurden vom König mit Regierungsaufgaben und -aufträgen betraut und exekutierten in der Abhängigkeit eines Bediensteten seinen Willen loyal.

Der Königshof und Rom

Mit der Übernahme der Regentschaft durch Anno kam keine Ruhe in die Reichsregierung. Hier gilt es erneut das Verhältnis zum Papsttum in den Blick zu nehmen, ohne es in allen Details nachzuzeichnen. Entscheidend ist, dass es während der Minderjährigkeit Heinrichs IV. zur Entfremdung zwischen der Reichsregierung und dem Reformpapsttum in Rom kam – ohne Heinrichs Zutun. Viktor II. starb relativ kurz nach Heinrich III. im Juli 1057. In Rom standen sich nun zwei Parteiungen gegenüber: die Reformer und der Stadtadel. Es stellte sich die Frage, ob die Synode von Sutri das Papsttum dauerhaft aus dem Einflussbereich der stadtrömischen Familien gelöst hatte. Bislang hatten Reformer und deutsches Königtum an einem Strang gezogen, nun fiel das Königtum als Akteur ein Stück weit aus. Die Minderjährigkeit Heinrichs erhöhte den Handlungsspielraum von Reformern und Stadtadel, die in den folgenden Jahren mit wechselndem Erfolg die Päpste stellten. Zunächst setzten sich die Reformer mit ihrem Kandidaten (Stephan IX.) durch, ohne die Reichsregierung in den Vorgang zu involvieren – eher eine Zeitfrage im Wettkampf mit dem Stadtadel als eine dezidierte Aussage. Nach der Inthronisation wurde eine Gesandtschaft über die Alpen geschickt, um die Zustimmung nachträglich einzuholen. Nach Stephans Tod im März 1058 folgten eine umstrittene Wahl und ein Schisma; die Reformer setzten mithilfe des Königshofes ihren Kandidaten Nikolaus II. durch. Diese Erfahrungen führten zur Papstwahlregelung von 1059, die nicht in erster Linie antiköniglich zu deuten ist, sondern als Stärkung des hierarchischen Prinzips in der Kirche im Sinne der Reformer. Zwar spielte der deutsche Königshof auch bei der Beendigung des Schismas von 1059 eine Rolle, aber nicht mehr in der zentralen Dominanz der Synode von Sutri 1046. Aus der Nebenrolle des Königtums wurde im Verlaufe der 1060er Jahre ein immer offenerer Gegensatz, wobei die Gründe im Einzelnen unklar bleiben. Die Distanz zwischen Reformern und Königtum wurde 1061 besonders deutlich, als der Königshof in Basel mit Honorius II. einen Gegenpapst zu dem von den Reformern gewählten Alexander II. unterstützte. Diesmal hatte sich der Stadtadel mit der Bitte um Hilfe nach Deutschland gewandt. Innerhalb weniger Jahre hatten sich die Fronten also verkehrt: von tatkräftiger Unterstützung der Reform unter Heinrich III. hin zum antireformerischen Gegenpapst 1061.

Diese Entwicklung in der Kirchenpolitik war ein Grund für den Rückzug der Kaiserin aus der Regentschaft und das Vorgehen Annos von Köln. Sobald der Erzbischof die Kontrolle ausübte, machte er die Vorgänge von 1061 rückgängig und unterstützte Alexander II. Dennoch hatte sich in der Minderjährigkeit Heinrichs IV. die Beziehung zwischen dem Königshof und den Reformern merklich verschlechtert; sie war distanzierter geworden. Dieser Trend wurde auch unter der selbständigen Regierung Heinrichs fortgesetzt.

Königsherrschaft in Konflikten

Die selbständige Königsherrschaft Heinrichs IV. von etwa 1065 bis 1106 war von drei großen Konflikten geprägt, die dadurch an Dynamik gewannen, dass sie ineinander verschränkt waren und sich gegenseitig verstärkten. In modernen Termini könnte man zwei als innenpolitisch und einen als außenpolitisch beschreiben – was eher der darstellerischen Klarheit als der historischen Analyse dient. Innenpolitisch waren die Kämpfe Heinrichs um seine Krone, die er mit verschiedenen opponierenden Adligen, den Sachsen und letztlich seinen beiden Söhnen ausfechten musste. Diese Kämpfe beinhalteten die sogenannten Sachsenkriege, einen langwierigen und blutigen Bürgerkrieg. Auf außenpolitischer Bühne war Heinrichs Königtum von der Auseinandersetzung mit dem Papsttum geprägt; auch dieser Streit zielte auf die Substanz seiner Herrschaft.

Diese Konflikte lassen sich in der Darstellung nicht trennscharf nebeneinander präsentieren. Sie fließen vielmehr ineinander und bedingen sich gegenseitig.

Konflikt mit dem Papsttum – Entfremdung

In den ersten Jahren der eigenständigen Regierung Heinrichs boten sich zwei Gelegenheiten, zu denen das Verhältnis des Saliers zum Papsttum und die Machtverhältnisse in Italien grundlegend hätten geklärt werden können. 1065 und 1066 ergingen durch Papst Alexander II. Einladungen zum Romzug an Heinrich IV., der sich in der Tradition seines Vaters um die Belange der Kirche und um die Kaiserkrone hätte bemühen können. In beiden Fällen waren für den Papst politische Schwierigkeiten ausschlaggebend, bei denen er sich die Hilfe des Saliers erhoffte. Die im Süden Italiens herrschenden Normannen stellten immer wieder eine Bedrohung für den Kirchenstaat dar, und der Papst suchte nach einem Verbündeten, der hier ein Gegengewicht darstellen konnte. Aber Heinrich und seine Berater schlugen beide Einladungen aus; Heinrich zog erst 1084 nach Rom und ließ sich zum Kaiser krönen – unter gänzlich anderen Bedingungen. In den 1060er Jahren verhinderten jeweils tagespolitische Argumente die schon in Vorbereitung befindlichen Heerzüge nach Italien. Rückblickend lassen sich hier zwei vertane Chancen erkennen, die Kirchen- und Italienpolitik des dritten Salierkönigs in andere Bahnen zu lenken.

Die Stellung Heinrichs gegenüber Rom wurde auch durch sein Anliegen geschwächt, sich von seiner Frau Bertha, Tochter des Grafen von Savoyen und der Markgräfin von Turin, trennen zu wollen. Seit 1066 waren Bertha und Heinrich verheiratet, 1069 eröffnete Heinrich einer Reichsversammlung in Worms, dass er sich von ihr trennen wolle. Die Ehe des Königs war eine politische und damit auch offizielle Angelegenheit. An eine Scheidung im modernen Sinne war im 11. Jahrhundert nicht zu denken. Im kirchenrechtlichen – und damit einzig maßgeblichen – Sinne konnte eine Ehe nur unter ganz bestimmten Voraussetzungen als ungültig erklärt werden. Dazu zählten etwa die zu enge Verwandtschaft der Ehepartner oder ehebrecherisches Verhalten der Ehefrau. Es wirft ein interessantes Licht auf die Vorgän-

Heinrich IV.

Heinrich IV.
(*1050; †1106; König 1053; Kaiser 1084)

1056–61 Kaiserin Agnes Regentin für ihren unmündigen Sohn

1062 Erzbischof Anno II. von Köln (1056–1072) entführt Heinrich in Kaiserswerth

Etwa 1065 Übernahme der Regierung durch Heinrich IV.

1070 Absetzung Ottos von Northeim und Übertragung des Herzogtums Bayern an Welf IV.

1073 Erhebung der Sachsen

1074 Frieden von Gerstungen – Schleifung der Königsburgen

1075 Schlacht bei Homburg an der Unstrut, Sieg Heinrichs, Unterwerfung der Sachsen

1076 Synode von Worms – deutsche Bischöfe sagen sich von Gregor VII. los; Heinrich fordert ihn zur
Abdankung auf, Gregor bannt Heinrich und verbietet die Ausübung seiner Regierung;
Fürstentag in Tribur: Heinrich soll sein Königtum verlieren, wenn er sich nicht aus dem Bann lösen kann

1077 Gang nach Canossa – Heinrich kommt dem Zusammenschluss der Fürstenopposition und des
Papsttums zuvor, indem er nach Oberitalien zieht und dem Papst die Absolution abringt (28.1.1077);
er verspricht die Annahme des päpstlichen Schiedsspruchs im Streit mit den Fürsten
Absetzung Heinrichs durch die Fürsten, Wahl Rudolfs von Rheinfelden zum König (15.3.1077);
Papst Gregor verhält sich in der Frage des Königtums abwartend

1078–1080 Schlachten zwischen beiden Königen führen zu keiner Entscheidung

1079 Schwäbisches Herzogtum von Heinrich an Friedrich von Staufen übertragen;
Verlobung seiner Tochter Agnes mit Friedrich

1080 Synode von Brixen nach erneutem Bann Heinrichs IV. durch Gregor; Wibert von Ravenna
(Clemens III.) zum Gegenpapst ernannt; Rudolf von Rheinfelden stirbt nach einer Verwundung

1081 Gegenkönig Hermann von Salm († 1088) nach dem Aufbruch Heinrichs nach Italien gewählt;
Gregor VII. wird in Rom festgesetzt

31.3.1084 Heinrich IV. wird durch seinen Papstkandidaten, Clemens III., in Rom zum Kaiser gekrönt

1087 Königskrönung Konrads, des ältesten Sohnes von Heinrich

1090–97 Italienzug

1093 Heinrichs ältester Sohn Konrad rebelliert gegen den Vater und wird zum König von Italien gewählt

10.5.1098 Nachgeborener Königssohn Heinrich V. in Mainz zum Nachfolger gewählt, 6.1.1099 gekrönt;
jegliche Mitregentschaft wird ausgeschlossen

1104 Erhebung Heinrichs V. gegen seinen Vater

1105 Gefangennahme des Kaisers in Ingelheim; Heinrich V. zwingt ihn zum Thronverzicht

1106 Heinrich IV. entkommt und beginnt einen Feldzug zur Wiedererlangung seiner Würde

7.8.1106 Heinrich IV. stirbt in Lüttich

1111 Erst nach Lösung des Bannes kann er in Speyer beigesetzt werden

Heinrich IV. Siegel.

ge von 1069, dass Heinrich vergleichbare Argumente und Anschuldigungen gegen seine Frau nicht vorbrachte. Es entsteht der Eindruck, er habe schlicht genug von ihr gehabt; Grundlage einer Trennung sollte der Umstand sein, dass die Ehe nie vollzogen worden war, die Königin noch Jungfrau sei. Das Ansinnen Heinrichs traf bei den Großen des Reiches auf Unverständnis und rief Bestürzung hervor. Man vertagte die Entscheidung auf eine Synode in Frankfurt und holte päpstlichen Rat ein. Dieser erschien in Gestalt des Kardinalsbischofs Petrus Damiani, eines profilierten Kirchenreformers, der für seine Sittenstrenge bekannt war. Er redete dem König ins Gewissen: Heinrich solle sich seiner Vorbildfunktion bewusst sein und kein schlechtes Beispiel für die Christenheit abgeben. Der Kardinal machte auch deutlich, dass Papst Alexander dieser Position mit den Mitteln des Kirchenrechts Nachdruck zu verleihen bereit sei. Die Rede Petrus Damianis machte großen Eindruck auf die Versammlung, und Heinrich musste sein Anliegen aufgeben. Die ganze Angelegenheit bedeutete einen Prestigeverlust für den König, der sich hier als moralischer Zauderer erwiesen hatte, wo er als gesalbter König von Gottes Gnaden agieren sollte.

Konflikt mit den Sachsen

Wesentlich handfesterer Natur waren die Auseinandersetzungen Heinrichs IV. mit den Sachsen. Aber auch hier spielte das moralische Verhalten des Königs eine Rolle. In den Jahren 1073 bis 1075 kam es zum ersten großen Konflikt. Die Sachsen hatten sich über alle Standesgrenzen hinweg – sächsische Große und Bauern – zusammengeschlossen, um gegen die Herrschaftsausübung Heinrichs Klage zu erheben. Ein Hauptkritikpunkt dabei war der Burgenbau Heinrichs in Sachsen. Vor allem rund um den Harz hatte dieser exponierte Höhenburgen errichten lassen, deren größte die Harzburg war. Es handelte sich um Anlagen auf der Höhe der Wehrarchitektur ihrer Zeit: Auf schwer zugänglichem Gelände mit Zugangshindernissen (etwa Vorburgen) waren diese Burgen mehr oder weniger uneinnehmbar. Sie ragten im Wortsinne über der Landschaft auf und kommunizierten ihre Funktion so baulich eindrucksvoll: Mit diesen Burgen wollte Heinrich seinen königlichen Herrschaftsanspruch in Sachsen unterstreichen. Sie dienten nicht der Verteidigung des Reiches nach außen und lagen nicht an der Grenze, sondern im Landesinneren. Im Sinne der königlichen Herrschaftsdurchsetzung besetzte Heinrich diese Burgen mit Dienstleuten – vornehmlich aus Schwaben. Für die Sachsen stellten sie also eine landfremde Okkupation dar. In den Quellen ist von gewalttätigen Übergriffen der Burgbesatzungen auf das sächsische Umland zu lesen. Der erste Sachsenkrieg konzentrierte sich denn auch immer wieder um die Harzburg.

Zu den Beschwerden über die Burgen kamen grundsätzliche Vorwürfe gegen Heinrichs Eignung als König, die seinen Regierungsstil, aber auch seine moralische Disposition betrafen. Die Sachsen sahen sich offenbar von der Teilhabe ausgeschlossen, die wesentlicher Bestandteil konsensualer Herrschaft war. Dies wird auch beim Anlass des Konfliktes deutlich, der das Fass zum Überlaufen brachte: Auf einem Hoftag in Goslar im Juni 1073 soll Heinrich sich die Zeit mit Würfelspiel vertrieben haben, während sächsische Adlige stundenlang vor seinem Gemach auf eine Audienz warteten. Schließlich ist der König – durch die Hintertür – abgereist. Die Adligen waren konsterniert und schlossen sich zu einem Bündnis zusammen. Sie brachten ein Heer auf und verliehen so ihrem Anspruch auf Gehör mit der Drohung militärischer Gewalt Nachdruck; Anführer des Aufstandes war Otto von Northeim, dem Heinrich 1071 das Herzogtum Bayern entzogen hatte. In der Folgezeit kam es zu verschiedenen Verhandlungen, an denen vor allem auch nichtsächsische Große beteiligt waren. Ein erstes Zwischenergebnis war der Friede von Gerstungen (2.2.1074): Heinrich musste die Schleifung der Burgen zugestehen und den Aufständischen Amnestie gewähren. Man kann hier von einem Teilerfolg des Aufstandes reden. Wichtige Forderungen waren erfüllt, die Regierungsweise des Königs hingegen nicht angesprochen worden.

Nach Gerstungen kam es zu einem Ereignis, welches die Konstellation im Konflikt grundlegend zugunsten Heinrichs verschob: Im Zuge der Niederlegung der Harzburg, die durch die Friedensbedingungen noch gedeckt war, wurde auch die dortige Stiftskirche zerstört. Hier lagen ein Bruder und ein jung verstorbener Sohn König Heinrichs begraben. Deren Gräber wurden geöffnet und entweiht. Auch die Heiligenreliquien der Kirche wurden geschändet. In den zeitgenössischen sächsischen Quellen wird diese Tat aufgebrachten Bauern zugeschrieben, sicherlich auch in exkulpierender Absicht mit Blick auf die sächsische Führungsschicht. Dieser Kirchenfrevel hatte enorme politische Konsequenzen: Heinrich verstand es, den Vorfall zu seinen Gunsten zu nutzen. Er beschwor die Reichsfürsten, dass dieser Frevel gerächt werden müsse und nahm den Friedensbruch zum Anlass, mit aller Macht gegen die Sachsen vorzugehen. Die Empörung über den Frevel brachte die Reichsfürsten an seine Seite. Im Juni 1075 besiegte ein Reichsheer die Sachsen bei Homburg an der Unstrut; die meisten sächsischen Adligen konnten – da beritten – fliehen, die sächsischen Bauern wurden massenhaft niedergemacht. Heinrich hatte auf einen Schlag die Oberhand im Konflikt mit den Sachsen gewonnen und konnte ihnen seine Bedingungen diktieren. Ende Oktober ergaben sich die Sachsen in einer Zeremonie dem König. Hier zeigt sich ganz deutlich der rituelle Charakter mittelalterlicher Politik: Barfuß, unbewaffnet und vor allem öffentlich unterwarfen sich die Aufständischen. Nach den Regeln der Zeit und den Erwartungen der Zeitgenossen hätten sie mit der königlichen Milde rechnen können. Aber Heinrich IV. entschied sich anders und legte so den Grundstein für neue Konflikte. Die Anführer wurden inhaftiert und die Burgen wiederaufgebaut. Vorerst konnte König Heinrich sich als Sieger fühlen.

Die Burgen Heinrich IV. im Harzraum und in Thüringen: Ausdruck des königlichen Herrschaftsanspruchs und ein Grund für den Konflikt mit den Sachsen.

Miniatur aus einer Handschrift der Chronik Ottos von Freising, die wohl auf Vorlagen aus dem Jahr 1157 zurückgeht. Dargestellt sind Szenen aus dem Leben Papst Gregors VII. Oben links: Heinrich IV. und (Gegen)Papst Clemens III. (Wibertus); oben rechts: Papst Gregor VII. wird aus Rom vertrieben; unten links: Gregor VII. bannt Heinrich IV.; unten rechts: Tod Gregors VII.

Konflikt mit dem Papsttum – Konfrontation

War das Verhältnis zwischen dem deutschen Königshof und der Kurie bislang vor allem von Entfremdung geprägt, kam es in den 1070er Jahren zu einer rasanten Eskalation. Im April 1073 starb Alexander II. und ein Mann wurde Papst, der dieses Amt maßgeblich prägen und zu dem Gegenspieler Heinrichs IV. werden sollte: Archidiakon Hildebrand, der den Namen Gregor VII. annahm. Sein Amtsverständnis hat Ausdruck im *Dictatus Papae* gefunden, einer Sammlung von Leitsätzen zur Stellung des Papstes, die im Briefregister Gregors überliefert ist. (Vgl. Abbildung auf S. 50/51) Dieser Papst betonte den Vorranganspruch seines Amtes in der kirchlichen Organisation und in der Welt in großer Deutlichkeit; so wird hier gefordert: „Dass derjenige nicht für katholisch gehalten werde, der nicht mit der römischen Kirche übereinstimmt."[9] oder „Dass alle Fürsten allein des Papstes Füße küssen sollen."[10] oder „Dass die römische Kirche niemals geirrt hat und nach dem Zeugnis der Schrift auch fürderhin niemals irren wird."[11] Die Kirchenreform hatte das Papsttum zu einer Institution gemacht, die Respekt und Gehorsam einforderte und sich als führend in der Welt verstand. Heinrich IV. musste entweder von den althergebrachten Pfaden salischer Königsherrschaft abweichen, oder ein Konflikt mit diesem Papsttum war mehr oder weniger unausweichlich.

Die Eskalation zwischen Heinrich IV. und Gregor VII. kann man an den Anreden ablesen, welche die beiden in ihrem Briefverkehr benutzten. 1073 schreibt der König an den Papst: „Dem eifrigsten und teuersten Herrn Papst Gregor, dem der Himmel die apostolische Würde verliehen hat, versichert Heinrich, durch Gottes Gnade König der Römer, getreueste Erfüllung des schuldigen Dienstes."[12] – und 1074 klingt die Anrede in der entgegengesetzten Richtung so: „Bischof Gregor, Knecht der Knechte Gottes, [entbietet] König Heinrich Gruß und apostolischen Segen."[13] Während diese Anreden den Titel und Rang des Gegenüber respektieren und so die wechselseitige Achtung zum Ausdruck bringen, wurde mit zunehmendem Konflikt auch der Ton rauer. Im Jahr 1075 formulierte Gregor an Heinrich schon mit deutlichem Vorbehalt: „Bischof Gregor, Knecht der Knechte Gottes, [entbietet] König Heinrich Gruß und apostolischen Segen, jedoch nur, wenn er dem apostolischen Stuhl gehorcht, wie es sich für einen christlichen König geziemt.[14] 1076 lautet die Anrede Heinrichs für Gregor: „Heinrich, König von Gottes Gnaden, an Hildebrand." und: „Heinrich nicht durch widerrechtliche Aneignung, sondern durch Gottes rechtmäßige Anordnung König, an Hildebrand, nicht mehr Papst, sondern den falschen Mönch."[15] Aus dem von Gott bestimmten Papst war ein falscher Mönch geworden und Heinrichs Königtum von der Zustimmung des Papstes abhängig. Aus Papst und König waren gleichsam Hildebrand und Heinrich geworden. Hier prallten zwei grundverschiedene Anschauungen aufeinander.

Am Anfang der Konfrontation stand die Besetzung der Erzdiözese Mailand. Kurie und Königshof unterstützten unterschiedliche Kandidaten und noch unter Alexander II. waren fünf Ratgeber Heinrichs IV. exkommuniziert worden. Dies bedeutete, dass sie aus der Gemeinschaft der Gläubigen und von allen kirchlichen Sakramenten ausgeschlossen waren. Der Kirchenbann stellte die schwerste kirchliche Waffe dar; im Fall der Räte Heinrichs war sie als eine Art Warnschuss an den König zu werten. Mit Exkommunizierten durfte ein Mitglied der Kirche (also jeder) keinen Umgang pflegen, sonst drohte ihm die gleiche Strafe. Die Kurie machte hier deutlich, dass sie auch drastische Maßnahmen nicht scheute. Vor dem Hintergrund der fol-

Legatus eius omnibus episcopis presit in concilio etiam inferioris gradus et aduersus eos sententiam depositionis possit dare.

Quod excommunicatum ab illo inter cetera eadem domo debeamus manere.

Quod absentes papa possit deponere.

Quod illi soli licet pro temporis necessitate nouas leges condere, nouas plebes aggregare, canonicam abbatiam facere reconiam di parum diuidere et inopes unire.

Quod solus possit uti imperialibus insigniis.

Quod solius pape pedes omnes principes deosculentur.

Quod illius solius nomen in ecclesiis recitetur.

Quod hoc unicum est nomen in mundo.

Quod illi liceat imperatores deponere.

Quod illi liceat de sede ad sedem necessitate cogente episcopos transmutare.

Quod de omni ecclesia quocumque uoluerit non ualeat ordinare.

Quod ab illo ordinatus alii ecclesie preesse et non sub militare et quod ab aliquo episcopo non superiore gradu accipere.

Quod nulla synodus absque precepto eius generalis uocari.

Quod nullum capitulum et nullus liber canonicus habeatur absque illius auctoritate.

Quod sententia illius a nullo debeat retractari et ipse omnium solus retractare possit.

Quod a nemine ipse iudicari debeat.

Quod nullus audeat condempnare apostolicam sedem appellantem.

Quod maiores cause cuiuscumque ecclesie ad eam referri debeant.

Quod romana ecclesia nunquam errauit nec imperium scriptura testante errabit.

Quod romanus pontifex si canonice fuerit ordinatus meritis beati Petri indubitanter efficitur sanctus testante sancto ennodio papiensi episcopo et multis sanctis patribus fauentibus sicut in decretis beati Symachi pape continetur.

Quod illius precepto et licentia subiectis liceat accusare.

Quod absque synodali conuentu possit episcopos deponere et reconciliare.

Quod catholicus non habeatur qui non concordat romane ecclesie.

Quod a fidelitate iniquorum subiectos possit absoluere.

Gregorius episcopus seruus seruorum dei. Manasse remensi archiepiscopo salutem et apostolicam benedictionem. Si te pastorali regiminis cura suscipere oportuit, sollicitum reddere clericorum catalaunensis ecclesie causa totiens ad nos relata iam dudum competentem terminum accepisti. Sed quia negligentia tua et episcopi predicte ciuitatis inobedientia huc usque protracta est necesse nobis fuit clericis tam diu afflictis succurrere et inobedienti contumaciam apostolice auctoritatis uigore contundere. Multis enim modis prefate catalaunensis episcopus noster iussioni parere contempsit. Primo enim uocatus ad synodum uenire neglexit. Deore nostro presentialiter de restitutione beneficiorum clericorum precepta suscipiens obaudire despexit. Litteris deinde nostris ammonitus rem quam precipi ni adimplere spreuit. Quin obrem pro tam enormem inobedientie temeri...

Im Briefregister Papst Gregors VII. findet sich zwischen Briefen vom 3. und 4. März 1075 der sogenannte *Dictatus Papae* (Eigendiktat des Papstes). Dabei handelt es sich um eine formlose Aneinanderreihung von 27 Leitsätzen zur Stellung der Kirche und des Papsttums.

genden Entwicklungen lässt sich die Exkommunikation der Räte auch als Test für den König selbst verstehen: War er bereit, auf die Kritik der Kurie einzugehen und sich von seinen Räten zu trennen? Oder würde er verstockt bleiben und sich gegen den Papst stellen?

1075 schrieb Gregor VII. an Heinrich IV. – die Anrede dieses Briefes haben wir oben schon gesehen – und stellte fest, dass dieser nach wie vor Kontakt zu den exkommunizierten Räten hielt und sich auch in der Angelegenheit des Mailänder Erzbischofsstuhles nicht kooperativ zeigte. Die Legaten, welche die Nachricht Heinrich überbrachten, versuchten dem König klarzumachen, wie ernst es dem Papst war. In dieser Situation des Jahres 1075 zeigt sich, wie eng die verschiedenen Konfliktfelder – Papsttum und Sachsen – für den Salier miteinander verknüpft waren. Die päpstliche Mahnung erreichte Heinrich kurz nach seinem Sieg über die Sachsen an der Unstrut, und so erfolgte seine Antwort im Hochgefühl der Macht – und in Verkennung der tatsächlichen Situation. Heinrich wies die päpstlichen Forderungen zurück und ging gleichsam zum Gegenangriff über. Gregor hatte ja in seinem Schreiben das Königtum des Saliers an dessen Bereitschaft geknüpft, sich dem apostolischen Stuhl zu unterwerfen – der Konflikt war also fundamental. So nahm Heinrich nun Gregors Papsttum ins Visier.

Auf einer Versammlung der Reichsbischöfe in Worms im Januar 1076 brachte Heinrich diese dazu, sich vom Papst loszusagen. Die Rechtmäßigkeit von Gregors Pontifikat wurde bestritten – mit Hinweis auf Unregelmäßigkeiten bei der Wahl, aber auch wegen dessen angeblich amoralischer Lebensführung. Im Absagebrief des Episkopats wird auch deutliche Kritik am Primatsanspruch des Papstes in der Kirche geübt, der es an Respekt vor den Bischöfen mangeln lasse. Hierin ist wohl auch der Grund

zu suchen, dass die deutschen Bischöfe sich an die Seite Heinrichs gegen den Papst stellten. Des Weiteren berichten die Quellen vom Druck, den Heinrich auf die Bischöfe ausgeübt habe.

Der Konflikt zwischen Heinrich IV. und Gregor VII. hatte sich sehr schnell zu einem elementaren Antagonismus entwickelt. Die Reaktion Gregors erfolgte prompt: Auf der Fastensynode 1076 exkommunizierte er König Heinrich IV. Die Bischöfe, die sich von ihm abgewandt hatten, suspendierte der Papst; er räumte ihnen aber die Gelegenheit ein, sich ihm zu unterwerfen und so in ihr Amt zurückzukehren.

Heinrich IV. war der erste deutsche König, der vom Papst gebannt worden war. Der Ausschluss aus der Gemeinschaft der Kirche musste nicht nur den Christen, sondern mit diesem untrennbar verbunden auch den König in seiner Existenz treffen. Auf der Fastensynode war Heinrich seine Königsherrschaft abgesprochen und alle seine Untertanen waren von ihren Treueverpflichtungen entbunden worden. Im mittelalterlichen Verständnis von Herrschaft und Glauben war es undenkbar, dass als König herrschen konnte, wer nicht Teil der Kirche war. Die Exkommunikation stellte also eine elementare Bedrohung für die Herrschaft des Saliers dar. 1076 wurde diese Waffe zum ersten Mal gegen einen deutschen König eingesetzt und war (noch) scharf. Neben den kirchlich-religiösen Konnotationen der mittelalterlichen Königsherrschaft war dafür die politische Situation im Reich verantwortlich.

Ein wichtiges Mittel der Auseinandersetzung war die Propaganda – es kam zu Versuchen, die öffentliche Meinung zu beeinflussen. Dies bezog sich nicht auf die Masse

der – illiteraten – Bevölkerung, sondern vornehmlich auf die Großen. So ließ Heinrich IV. ein Schreiben im Reich verbreiten, das die Absetzung des Papstes rechtfertigen und kommunizieren sollte. Es gipfelte in dem Satz: „Ich Heinrich, König von Gottes Gnaden, sage Dir mit allen unseren Bischöfen: Steige herab, steige herab, Du ewig Verdammter!"[16] Diese Maßnahmen konnten aber nicht darüber hinwegtäuschen, dass Heinrich sich nach der Exkommunikation in der Defensive befand. Im Oktober 1076 versammelten sich die Fürsten des Reiches in Tribur. Hier kamen süddeutsche und sächsische Adlige zusammen; auch päpstliche Legaten waren anwesend. Man verhandelte in Abwesenheit Heinrichs über den König. Damit wird deutlich, dass der Salier zu diesem Zeitpunkt das Heft des Handelns nicht mehr in Händen hielt. Sein schroffes Auftreten gegen die 1075 unterlegenen Sachsen, seine Herrschaftsweise und seine Auseinandersetzung mit der Kirche hatten eine breite Koalition gegen ihn entstehen lassen. In Tribur kam sehr deutlich ein von den Fürsten getragenes Reichsverständnis zum Ausdruck: Die Großen übernahmen Verantwortung für das Reich und fanden sich zusammen, um über den König zu richten. Lampert von Hersfeld berichtet in seiner Chronik von der Versammlung und benutzt hier wieder das Bild vom Schiff für das Reich: „Sieben Tage hintereinander tauschten sie [die Fürsten] daher Pläne aus, was zu tun sei, und überlegten sorgsam, auf welche Weise man dem gefährdeten, schon dem Schiffbruch zutreibenden Reich helfen könne."[17]

Nun waren es nicht mehr nur die Sachsen, die sich gegen Heinrich erhoben, sondern dem Salier stand eine breite Oppositionsbewegung gegenüber: Anführer dieser Entwicklung waren Otto von Northeim, Rudolf von Rheinfelden (Herzog von Schwaben), Welf IV. (Herzog von Bayern) und Berthold I. (Herzog von Kärnten). Die Fürsten, die sich auf dem Schlachtfeld von Homburg an der Unstrut im Jahre 1075 noch als Feinde gegenübergestanden hatten, waren etwas über ein Jahr später gegen Heinrich IV. vereint.

In Tribur wurde also über König Heinrich verhandelt – in dessen Abwesenheit. Der König befand sich in Oppenheim auf der anderen Rheinseite und stand durch Boten mit der Versammlung in Kontakt. Angesichts der Grundsätzlichkeit des Konfliktes und der zahlreichen Vergehen, welche Heinrich zur Last gelegt wurden, überrascht der Ausgang der Verhandlungen. Lampert von Hersfeld schildert, dass man drauf und dran gewesen sei, einen neuen König zu wählen. Man fand sich dann aber doch zu einem Kompromiss bereit: Papst Gregor VII. sollte auf einer Fürstenversammlung, die für den 2. Februar 1077 nach Augsburg einberufen wurde, über Heinrich, seine Lebens- und Amtsführung entscheiden. Voraussetzung für den Fortbestand des Königtums war die Lösung vom Bann. Vielleicht ist es einem christlichen Verständnis von Milde geschuldet, dass Heinrichs Königtum in Tribur nicht beendet wurde. Jeder Sünder hatte eine Chance auf Wiederaufnahme in die Kirche verdient, und dies wollte man auch Heinrich nicht vorenthalten. Das Ergebnis von Tribur war für Heinrich dennoch desaströs: Sein Königtum wurde von den Fürsten in die Hände Papst Gregors VII. gelegt; dieser sollte in Augsburg über ihn richten, nur dieser konnte ihn vom Bann befreien. Heinrich musste sich Gregor unterwerfen und dessen Autorität anerkennen; dies kommt in der sogenannten Oppenheimer Promissio Heinrichs klar zum Ausdruck: „Ermahnt durch den Rat unserer Getreuen verspreche ich, dem apostolischen Stuhl und Dir, Papst Gregor, in allem den schuldigen Gehorsam zu leisten."[18] Welche Kehrtwendung innerhalb weniger Wochen!

Canossa

Damit war der Boden bereitet für die vielleicht spektakulärste Handlung eines salischen Königs: den Gang nach Canossa. Dieses Ereignis gilt es zunächst von allen langfristigen Nachwirkungen und Rezeptionen gelöst im tagespolitischen Kontext zu betrachten.

Nach dem Urteilsspruch von Tribur erlangte Heinrich IV. in schier auswegloser Situation seine Handlungsfähigkeit zurück. Er machte sich auf den Weg nach Italien, um Gregor VII. abzufangen, bevor dieser mit den Reichsfürsten zusammenkommen konnte. Er strebte an, sich vor der Verhandlung über sein Königtum in Augsburg vom Bann zu lösen. In dieser Situation zeigt sich – ähnlich wie nach dem Frevel der Sachsen auf der Harzburg –, dass Heinrich durchaus in der Lage war, der tagespolitischen Situation gemäß zu agieren, mitunter freilich um einen hohen Preis.

Von Oppenheim begab sich Heinrich zunächst nach Speyer, entließ die gebannten Räte und machte sich dann auf, nach Italien zu reisen. Eine Alpenüberquerung war im Mittelalter immer ein aufwendiges Unterfangen. Heinrich musste nicht nur in einem sehr strengen Winter reisen, ihm waren durch die süddeutschen Fürsten auch die gängigen Alpenpässe versperrt; so musste er westlich über den Mont Cenis ausweichen. Der Übergang in Schnee und Eis muss sehr schwierig gewesen sein. Lampert von Hersfeld schildert die Strapazen für Mensch und Tier sehr plastisch: Die Frauen des königlichen Gefolges um Königin Bertha wurden auf Rinderhäuten die vereisten Abhänge hinuntergezogen, die Pferde mit gebundenen Beinen hinuntergeschleift. Heinrich erreichte Italien, bevor Gregor VII. seinerseits die Alpen überquert hatte. Der Papst zog sich aus Furcht vor königlichen Übergriffen auf die Burg Canossa zurück. Heinrich nahm Verhandlungen mit dem Papst auf. Sein Taufpate, der einflussreiche Abt Hugo von Cluny, stand ihm dabei zur Seite. Um seiner Forderung nach Lösung des Bannes Nachdruck zu verleihen, vollzog Heinrich ein Buß- und Unterwerfungsritual: An drei aufeinanderfolgenden Tagen zog er barfuß vor das Tor der Burg Canossa und harrte in der Kälte aus. Diese öffentliche Geste der Demut sollte Gregor dazu bewegen, Heinrich wieder in die Kirche aufzunehmen. Ob dies Teil der Verhandlungen oder Heinrichs eigene Initiative war, ist nicht mehr zu entscheiden.

Am 28. Januar 1077 löste Gregor Heinrich vom Kirchenbann und nahm ihn im Rahmen einer Messe wieder in die Gemeinschaft der Gläubigen auf. Am gleichen Tag verpflichtete sich Heinrich eidlich, sich dem Urteil des Papstes zu unterwerfen, und sicherte ihm in dieser Sache freies Geleit nach Deutschland zu. Bedeutend an diesem Eid ist, dass Heinrich als „König der Deutschen", als *rex Teutonicorum*[19] bezeichnet wird. Im politischen Sinne entscheidender war, dass Gregor hier Heinrichs Königtum implizit anerkannte. Damit war eine spätere Prüfung ein Stück weit präjudiziert.

Die Ereignisse von Canossa sind von den Zeitgenossen sehr unterschiedlich interpretiert worden; je nach politischem Lager – pro- oder antiheinricianisch – wurde die Demütigung Heinrichs oder sein politischer Erfolg betont. Die Lebensbeschreibung Heinrichs, die sein Leben in hellem Glanz erstrahlen lässt, fasst wie folgt zusammen: „Als er [Heinrich] erkannte, wie sehr seine Sache in Bedrängnis geraten war, fasste er einen ebenso geheimen wie listigen Plan; plötzlich und unerwartet reiste er dem Papst entgegen und erreichte auf einen Schlag zwei Dinge; er empfing nämlich die Lösung vom Bann und unterband durch sein eigenes Erscheinen die beargwöhnte Unterredung des Papstes mit seinen Widersachern."[20] Bezüglich der tagespolitischen Folgen von Canossa trifft diese Analyse zu. Heinrichs Lage hatte sich gegenüber Tribur deutlich verbessert, Gregor sich von seinen Mitstreitern, den deutschen Fürsten, entfernt. Diesen gegenüber suchte er sein Verhalten zu rechtfertigen, indem er in einem Brief die Situation in Canossa beschrieb: Mit dem bußfertigen Heinrich vor dem Tor sei ihm nichts anderes übrig geblieben, als Milde walten zu lassen. „Einige aber klagten, in uns sei nicht der Nachdruck der apostolischen Strenge, sondern gewissermaßen die Grausamkeit tyrannischer Wildheit."[21] Hätte er Heinrich nicht begnadigt, hätte sich Gregor dem Vorwurf der Tyrannei ausgesetzt. Der Papst musste sich für sein Vorgehen in Canossa rechtfertigen; schließlich hatte er seinem Gegner die Handlungsfreiheit zurückgegeben.

Auch in der Geschichtswissenschaft ist viel darüber gestritten worden, wie der Gang nach Canossa zu werten ist. Die nationalstaatlich orientierte Forschung des 19. Jahrhunderts sah im mittelalterlichen Königtum einen Vorläufer des deutschen Reiches und einen Ausweis deutscher Größe; für sie war Canossa eine Schande und wie ein schwarzer Fleck auf der deutschen Herrlichkeit. Diese Deutung liegt auch Bismarcks Ausspruch zugrunde. Historiker, die Heinrichs Königtum positiver gegenüberstanden, betonten dessen taktisches Geschick, aus einer verfahrenen Situation einen Ausweg gefunden zu haben. Jenseits aller Wertungen wird in der Rückschau deutlich, dass Canossa eine historische Zäsur darstellte.

Rex rogat Abbatem! Mathildim supplicat atq;

MATHILDIS LUCENS · PRECOR HOC CAPE CARA VOLUMEN

Die Einheit von kirchlicher und weltlicher Macht war zerbrochen. Verglichen mit der Synode von Sutri 1046 hatten sich die Vorzeichen umgekehrt: Nun richtete der Papst über den König. Das Papsttum hatte sich als Institution von überregionaler Bedeutung – neben und in Konkurrenz zum deutschen Königtum – etabliert. Das salische Königtum wurde von Gregor VII. konsequent als „deutsch" bezeichnet: *regnum Teutonicum* oder *rex Teutonicus*. Die Kurie zielte darauf ab, das Königtum Heinrichs IV. auf ein gleichsam nationales Maß zu stutzen und ihm den Anspruch auf Vorrang abzusprechen. Nicht mehr „König der Römer" und damit Kaiser in spe sollte der Salier sein, sondern allenfalls ein König unter anderen. Als einzige Macht mit universalem Anspruch blieb in dieser Logik das Papsttum. Die eindeutig abwertende Fremdbezeichnung sollte sich – mit ganz anderen Konnotationen – schließlich behaupten.

Im unmittelbaren tagespolitischen Nachklang sollte sich zeigen, dass Canossa die Allianz gegen Heinrich IV. ein Stück weit entfremdet hatte. Der Salier gewann recht schnell an Boden, nachdem er vom Bann gelöst war. Einige der im Sinne der Kirchenreform weniger radikalen Reichsbischöfe schlossen sich ihm wieder an, andere verhielten sich abwartend. Heinrich, dessen Herrschaft schon am Ende schien, konnte sein Königtum behaupten und für die Dynastie sichern. Dazu trug auch ein Akt bei, der eigentlich genau die entgegengesetzte Absicht verfolgte.

Konflikt mit den Gegenkönigen

Im März 1077 wählten in Forchheim etliche deutsche Fürsten den Herzog von Schwaben, Rudolf von Rheinfelden, zum König. Vorher hatten sie Heinrich für abgesetzt erklärt. All dies fand in Gegenwart päpstlicher Legaten statt, war aber letztlich nicht im Sinne Gregors VII. Die Wahl Rudolfs nahm einen Richterspruch über Heinrich vorweg, den zu fällen sich Gregor ja ausdrücklich vorbehalten hatte. So weigerte er sich auch, Rudolf von Rheinfelden sofort zu unterstützen – sehr zum Ärger vor allem der Sachsen. Gregor behielt sich die Entscheidung vor und zögerte mit einer endgültigen Parteinahme bis 1080. Die Möglichkeit zu entscheiden war für Gregor klarer Ausdruck der Suprametie seines Amtes. Somit war das Entscheiden attraktiver als die Entscheidung.

In der Zwischenzeit suchten beide Könige eine kriegerische Lösung: Es kam erneut zum Bürgerkrieg, in dem Sachsen den Kernbereich von Rudolfs Königtum darstellte. Die wiedergewonnene Stärke Heinrichs zeigt sich darin, dass ihn auch verschiedene Niederlagen nicht zur Aufgabe brachten (so bei 1078 bei Mellrichstadt oder im Januar 1080 bei Flarchheim). Heinrichs Königtum fand genug Unterstützung, um sich zu behaupten. Das Herzogtum Schwaben verlieh er an Friedrich von Hohenstaufen. Die Treue dieser Familie zu den Saliern legte den Grundstein für ihren späteren Aufstieg zum Königtum.

Das Jahr 1080 brachte die Entscheidung. Gregor rang sich endlich dazu durch, Position zu beziehen: Er bannte Heinrich erneut und sprach sich für Rudolf als König aus. Obwohl es Heinrich Zeit seines Lebens nicht mehr gelingen sollte, sich aus dem Bann zu befreien, erfolgte 1080 doch die Wende zu seinen Gunsten. Der zweite Bann – gleichsam die Wiederholung – hat wesentlich weniger Nachhall im Reich gefunden als der erste. Im Juni erklärten zahlreiche deutsche und italienische Bischöfe Gregor für abgesetzt. Hinzu kamen zwei Ereignisse, die klar für den Salier sprachen und sich sogar als göttliches Eingreifen zu seinen Gunsten deuten ließen. Ostern 1080 wiederholte Papst Gregor VII. den Bann über Heinrich und prophezeite gleichzeitig, dass dieser bis zum 1. August desselben Jahres als König gestürzt sein werde. Gregor war so sehr von der Richtigkeit dieser Annahme überzeugt, dass er seine Stellung als Papst an ihre Erfüllung knüpfte. Dieses Vorgehen stößt aus heutiger Sicht auf Unverständnis. Politisch unnötig und strategisch unklug zeigt es aber deutlich, wie sehr Gregor – ganz im Einklang mit mittelalterlichen Vorstellungen – davon ausging, dass seine Sache die gerechte sei und seine Gebete Wirkung haben würden. Freilich, was Heinrichs Sturz anging, irrte er.

Verantwortlich dafür war das Ergebnis einer weiteren Schlacht des Bürgerkrieges: Im Oktober 1080 trafen die Heere Heinrichs und Rudolfs an der Elster aufeinander. Rudolf siegte auf dem Schlachtfeld, starb aber wenig später: Er hatte im Kampf die rechte Hand verloren. Damit hatte die Opposition gegen den Salier nicht nur ihren Anführer eingebüßt. Die Rechte war die Hand, mit der Rudolf als Herzog von Schwaben einst Heinrich die Treue geschworen hatte. Das machte die Art seines Todes zum symbolträchtigen Zeichen für die Ungerechtigkeit seiner Sache – so sahen es zumindest Heinrich und seine Anhänger. Mit dem Tod Rudolfs war die Opposition nicht zu Ende, aber entscheidend geschwächt. Erst im August 1081 wurde mit Graf Hermann von Salm ein neuer König gegen Heinrich gewählt; dieser konnte aber nie große Wirkung entfalten und blieb auf Sachsen beschränkt. Sachsen blieb für das salische Königtum verloren.

Konflikt mit dem Papsttum – Schisma und Kaiserkrönung

Heinrich IV. war in den 1080er Jahren in der Offensive. Im April 1081 zog er erneut nach Italien, 1084 in Rom ein. Dort berief er – ganz in der Tradition seines Vaters –

eine Synode ein, die Gregor absetzte und exkommunizierte. Gregor selbst musste das von der Engelsburg aus tatenlos mitverfolgen, war aber für den Salier persönlich nicht zu fassen. Als neuer Papst wurde Clemens III. inthronisiert, der Heinrich und seine Frau Bertha Ostern 1084 zu Kaiser und Kaiserin krönte. Heinrich war auf dem Höhepunkt seines Prestiges, freilich um den Preis eines erneuten Kirchenschismas.

Gregor VII. starb am 25. Mai 1085. Sein Pontifikat war wesentlich für die Zentralisierung der Kirche und ihren weltumspannenden Anspruch. Der Streit, den er mit Heinrich IV. führte, war ein grundsätzlicher: Es ging um den Vorrang in der Welt – eine in letzter Konsequenz kaum lösbare Frage. So verlagerte sich die Auseinandersetzung zwischen Königtum und Kirche nach und nach auf Sachthemen und Einzelfragen, die in der Konsequenz zwar weitreichend waren, aber einer pragmatischen Lösung zugeführt werden konnten. Das Schisma stellte hier aber ein unüberwindliches Hindernis dar. Aus der Sicht der Reformpäpste war es für eine Einigung unumgänglich, dass Heinrich IV. seinen Papst Clemens aufgab; da dieser ihn zum Kaiser gekrönt hatte, kam das aber für den Salier nicht infrage. Der Konflikt schwelte vor sich hin; auch als Clemens III. 1100 starb, bestand das Schisma fort. Auf Gregor VII. folgten Viktor III., Urban II., der 1095 zum ersten Kreuzzug aufrief, und Paschalis II. Im Erfolg des Kreuzzugsaufrufes manifestierte sich auch die gefestigte universale Stellung des Papsttums. Auch Clemens III. fand bis 1111 drei Nachfolger: Theodorich, Albert und Silvester IV.; sie alle konnten sich nicht durchsetzen und werden heute als Gegenpäpste bezeichnet. Heinrich IV. hatte mit der Einsetzung der Nachfolger

Clemens' III. nichts mehr zu tun. Er suchte vielmehr den Ausgleich mit dem Reformpapsttum – wohl auch weil er aus persönlicher Frömmigkeit um sein Seelenheil fürchtete. Sein Kaisertum stand für ihn dabei nicht zur Disposition – eine Lösung wurde zu Heinrichs Lebzeiten nicht mehr gefunden.

Konflikt mit den Söhnen und Ende

Heinrichs Königtum kam nicht durch das Papsttum oder die Sachsen in eine erneute, schwere Krise; es waren Heinrichs Söhne, die sich gegen ihren Vater stellten und das Königtum für sich forderten. Während der Aufstand des ältesten Sohnes Konrad zwischen 1093 und 1101 noch ohne wesentliche Folgen in Deutschland blieb, fand der zweite Sohn Heinrich 1104 breiten Zuspruch. Heinrich IV. hatte ihn 1098 zum Nachfolger bestimmt, ihm aber die eidliche Zusage abgenommen, zu Lebzeiten des Vaters nicht in die Regierung einzugreifen. Dennoch stellte sich Heinrich V. an die Spitze der Opposition. Seine Motive waren wohl auch dynastischer Natur: Er sah das Königtum der Salier durch das Agieren seines Vaters in Gefahr. Ein Ausgleich mit dem Papsttum war nicht in Sicht, das Unbehagen der Fürsten nahm zu. Für Heinrich V. war der Aufstand die Möglichkeit, das Königtum für sich und damit die salische Dynastie zu sichern. Dabei stützte sich Heinrich auf Adelskreise, die der Kirchenreform nahestanden.

Wie schon früher konnte die Lösung im Thronstreit nur auf kriegerischem Weg erfolgen. Vater und Sohn zogen gegeneinander ins Feld. Aus Sicht des salischen Hauses stellten die Jahre 1104 bis 1106 einen Tiefpunkt dar. Heinrich V. konnte wichtige Unterstützer seines Vaters auf seine Seite ziehen, sodass es nicht zum Kampf kam. Mit falschen Versprechungen gelang es Heinrich V.

seinen Vater gefangen zu setzen und ihn zur Abdankung zu zwingen: Auf einem Hoftag in Ingelheim 1105 musste er auf die Krone verzichten. Die anwesenden päpstlichen Legaten verweigerten ihm die Absolution, weil Heinrich sich nicht von Clemens III. distanzieren wollte. Es bahnte sich eine Konstellation an, die der vor dem Gang nach Canossa nicht unähnlich war. Die Lösung vom Bann hätte Heinrich IV. Handlungsspielraum zurückgegeben und den moralischen Anspruch seiner Gegner geschmälert. Dazu kam es freilich nicht mehr: Zwar gelang Heinrich noch einmal die Flucht nach Lüttich. Dort ist er am 7. August 1106 gestorben.

Heinrich IV. ist einer der umstrittensten Könige des deutschen Mittelalters. Schon zu Lebzeiten war er harscher Kritik ausgesetzt, die jeden Bereich seines politischen Handelns und jeden Aspekt seines Charakters ins Visier nahm. Ihm wurden Ungerechtigkeit und Heimtücke ebenso vorgehalten wie Grausamkeit und sexuelle Übergriffe, etwa auf eine seiner Schwestern.

Man kann diese Vorwürfe weder als bloße Propaganda seiner Gegner abtun noch sie unkommentiert für bare Münze nehmen. Oftmals sind sie als Teil einer bestimmten Form von Tyrannis-Kritik zu verstehen, die das Aufbegehren legitimieren sollte. Heinrichs Königtum ist von zahlreichen Konflikten geprägt, eine längere Phase der Ruhe gab es nicht. Sein Verdienst bestand darin, das Königtum für die Dynastie bewahrt zu haben. Seine Ausgangslage war nach den Unruhen unter seinem Vater und der Phase der Minderjährigkeit sicherlich nicht günstig; mit dem erstarkten Papsttum stand ihm ein mächtiger Gegner gegenüber. Heinrich hat seine Kräfte immer wieder falsch eingeschätzt und sich in ausweglose Situationen manövriert. Sein unbedingter Wille zur Herrschaft war aber bis zum Ende ungebrochen.

HEINRICH V.
AUFBEGEHREN GEGEN DEN
VATER FÜR DIE DYNASTIE

Der letzte Salier und sein Königtum

Heinrich V. war der letzte der Salierkönige. Sein Königtum ist durch eine enorme Fallhöhe gekennzeichnet, die zwischen den Erwartungen bei Regierungsantritt und den Enttäuschungen am Regierungsende liegt. Heinrichs Königtum ist für die Geschichte des deutschen Reiches im Mittelalter vor allem aus zwei Gründen von Bedeutung: Am Anfang und am Ende seiner Regierung stand eine Wahl durch die Fürsten, wodurch der Wahlgedanke – am Ausgang der vom Familienbewusstsein getragenen Salierdynastie – einen Schub erhielt. Hinzu kommt mit dem sogenannten Wormser Konkordat die Beilegung des Streites mit dem Papst. Inwieweit beide Aspekte auf Antrieb und im Sinne Heinrichs V. erfolgten, ist hingegen fraglich. In vielem erscheint der letzte Salier nicht als Gestalter. Oftmals agierte er in den Augen seiner Zeitgenossen unglücklich und überzogen.

1098 war Heinrich V. auf Betreiben seines Vaters von den Fürsten zum König gewählt und dann gesalbt und gekrönt worden. Dies war eine Nachfolgeregelung durch Designation des Sohnes, ganz in der salischen Tradition, oder doch fast: Durch den Aufstand des ältesten Sohnes Konrad klug geworden hat Heinrich IV. von seinem Sohn einen besonderen Treueid verlangt.

Heinrich V. erlangte die Königskrone letztlich nicht aufgrund der väterlichen Designation, sondern im Aufstand gegen seinen Vater. Getragen wurde dieser von einer Fürstenopposition, die ein besonderes Interesse an der Kirchenreform einte. Der Aufstand gegen den gebannten Heinrich IV. war auch kirchenpolitisch motiviert; hinzu kam für Heinrich V. wohl auch die Sorge um die Krone, die er sich am ehesten in Opposition zu seinem Vater sichern zu können glaubte. Um dies zu erreichen, wurde er gegenüber seinem Vater eidbrüchig und brachte ihn durch List und Zwang zur Abdankung. Der Tod Heinrichs IV. (7.8.1106) machte dem Familienstreit um die Krone ein Ende. Verfassungsgeschichtlich bedeutend ist in diesem Kontext eine Fürstenversammlung in Mainz am 5. Januar 1106, zu Lebzeiten Heinrichs IV. Ekkehard von Aura schildert, dass die Regierung Heinrichs V. durch eine zweite Wahl der Fürsten begann. Offenbar hielt man es für nötig, der Herrschaft des Saliers eine neue Grundlage zu geben. Aus Sicht der Fürsten wurde hier ihr Anspruch auf die Wahl erneut betont. Heinrich V. entsandte nach seiner Wahl eine Gesandtschaft zum Papst, um über die Beilegung des Konfliktes zwischen Königtum und Kurie zu verhandeln.

Auch wenn Heinrich von den Fürsten unter Betonung des Wahlgedankens zum König erhoben worden war, so stellte er sich doch sehr schnell in die Tradition seiner Familie. Dies findet bildhaften Ausdruck in einer von ihm im Umfeld der Erhebung gegen seinen Vater in Auftrag gegebenen Miniatur, welche die Herrschaftsfolge in der Familie zeigt (siehe oben S. 9). Heinrich stellt sich hier also ganz bewusst in die imperiale Tradition seiner Familie. Die Auflehnung gegen den Vater erscheint als Dienst an der Dynastie.

In seiner Herrschaftsweise folgte Heinrich seinen Vorfahren und geriet deswegen bald in Konflikt mit den Fürsten; vieles ähnelt hier den Abläufen unter seinem Vater. Auch Heinrich V. setzte auf die Unterstützung der Ministerialen, auch er verfolgte eine Politik der Intensivierung von Herrschaft durch Burgenbau, auch gegen ihn kam es zu Widerstand, auch und gerade aus Sachsen. Wenden wir uns aber zunächst der Auseinandersetzung mit dem Papsttum zu.

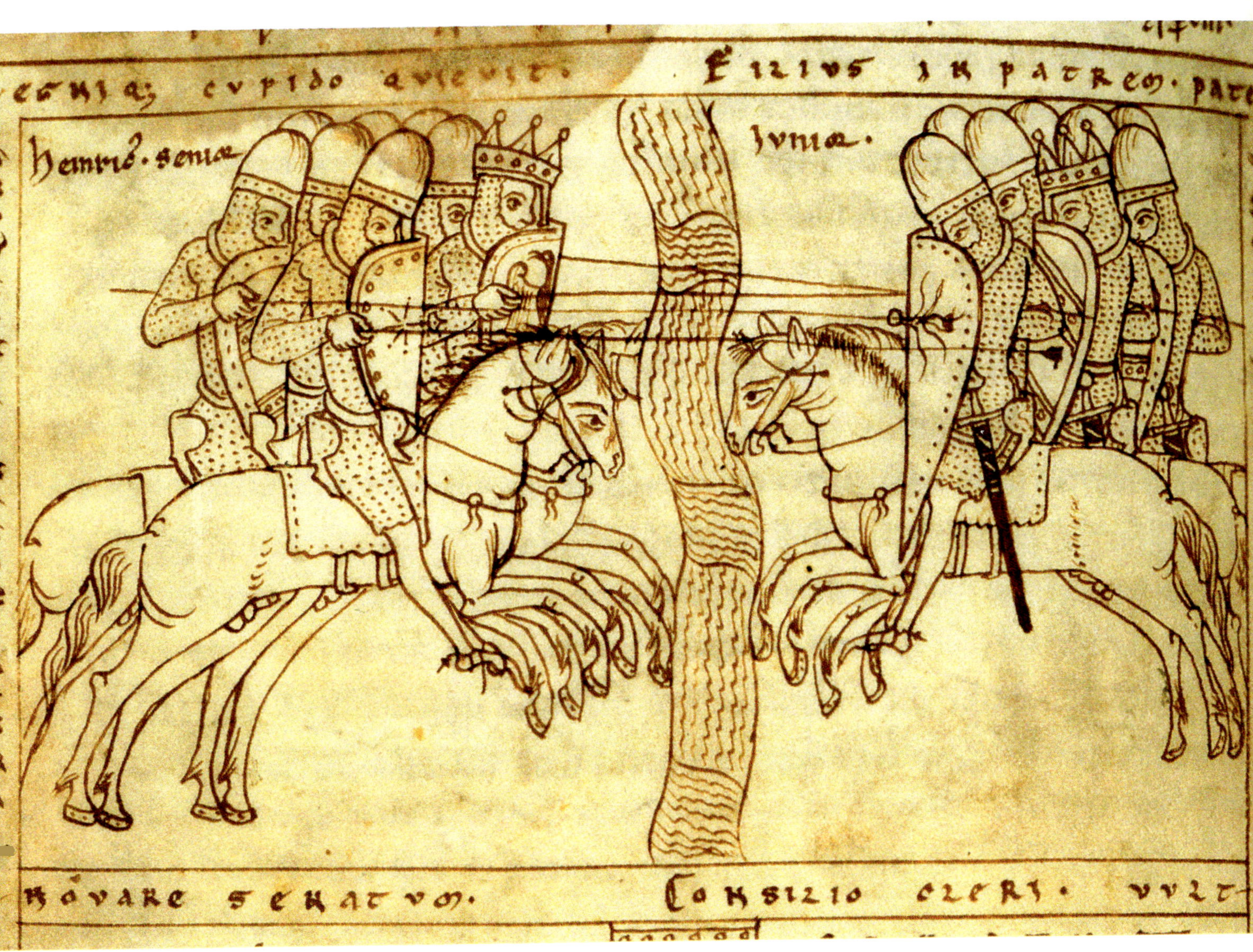

Diese Miniatur aus einer Handschrift der Chronik Ottos von Freising,
die wohl auf Vorlagen aus dem Jahr 1157 zurückgeht, illustriert die militärische
Auseinandersetzung zwischen Heinrich IV. (links) und Heinrich V. (rechts).

Der Investiturstreit

Bislang war vom Konflikt zwischen Kirche und Königtum die Rede. Kern des Streites zwischen Heinrich IV. und Gregor VII. war die Beziehung der beiden Gewalten zueinander. Nach Beendigung dieses Konfliktes 1122 sprachen verschiedene Chroniken davon, dass der „Investiturstreit" beigelegt worden sei. Diese Bezeichnung ist bis heute üblich für die Auseinandersetzungen des dritten und vierten Salierkönigs mit den Päpsten.

Der Begriff „Investiturstreit" bezieht sich auf die Praxis der Einsetzung von Bischöfen und Äbten, die sogenannte Investitur. Die Einsetzung eines Reichsbischofs wurde vom König vorgenommen. Diese Praxis fand ihre Begründung wesentlich in zwei Rechtsvorstellungen. Die eine wird von der Forschung unter dem Wort „Eigenkirche" gefasst: Der Eigentümer des Grund und Bodens, auf dem eine Kirche errichtet wurde, verfügte damit auch über das Recht an dieser Kirche. Diese wurde nicht als selbständige Institution mit eigenem Rechtsstatus gedacht, sondern als Teil der Verfügungsgewalt des Eigenkirchenherren; dazu gehörte neben Verkauf und Tausch auch die Personalentscheidung, wer in seiner Eigenkirche als Priester agieren sollte.

Aus diesem Rechtsverständnis entwickelte sich im deutschen Reich die Bischofsinvestitur durch den König. Diesem stand die Kirchenhoheit über die Kirche in seinem Reich zu, so wie den Eigenkirchenherren über ihre Kirchen. Die ottonischen und salischen Könige hatten die uneingeschränkte Verfügungsgewalt über die Reichsbistümer. Die Einheit von Königtum und Kirche fand hier einen machtpolitisch höchst relevanten Ausdruck. Der König bestimmte, wer Bischof wurde, und setzte die ihm genehmen Kandidaten in ihr Amt ein. Dies wurde bis zum Beginn des Investiturstreites nicht als Anmaßung oder Übergriff des Königs verstanden, sondern als Teil seiner herrscherlichen Rechte, die er sorgsam behütete und verteidigte. So verfügte Heinrich II. 1012 die Absetzung eines Bischofs, der ohne sein Zutun von Klerus und Volk gewählt worden war – nur um dann anschließend denselben Kandidaten kraft seiner königlichen Autorität ins Amt zu berufen. Nicht die Person war hier Stein des Anstoßes, sondern ein Verfahren, das ohne königliche Beteiligung abgelaufen war. Aus kirchlicher Sicht bestand das Ideal fort, dass Bischöfe in ihr Amt gewählt werden sollten, und zwar vom Kirchenvolk. Erst im Zuge der Kirchenreform entwickelte sich aus diesen unterschiedlichen Einstellungen zur Investitur der entsprechende Konflikt. Dieser gewann vor allem im deutschen Reich an Schärfe, weil hier die Bischöfe eine wichtige Rolle bei der königlichen Herrschaftsgestaltung spielten. Der Simoniebegriff wurde im Laufe der Zeit ausgeweitet: Nun wurde jede Form der laikalen Einflussnahme auf kirchliche Ämter als Unrecht verstanden.

Davon war auch die zweite Grundlage der königlichen Investiturpraxis betroffen: Aus Sicht des Königtums konnte die Investitur auch deswegen erfolgen und nicht als Eingriff in eine fremde Sphäre verstanden werden, weil der König eine sakral überhöhte Stellung einnahm. Er war der profanen Welt der Laien durch seine von Gott gegebene Würde enthoben. Augenfällig wurde dies durch die Salbung des Königs anlässlich seiner Krönung. Diese wurde seit Otto dem Großen mit Katechumenenöl durchgeführt. Gerade Heinrich III. hatte die besondere Würde seines Königtums immer wieder betont und durch fromme Rituale und Gesten kommuniziert. Die Einsetzung von Bischöfen war für den Salier, der mehrfach über die Besetzung des Papsttums bestimmte, eine Selbstverständlichkeit.

Investiturverbote

Mit dieser Selbstverständlichkeit hat auch Heinrich IV. die Bischöfe in seinem Reich investiert. Die Besetzung des Bistums Mailand im Jahr 1075 bildete den Auftakt des Streites mit Gregor VII. Die folgenden Auseinandersetzungen waren aber eher von einem grundsätzlichen Antagonismus geprägt, als dass sie sich nur auf die Investitur bezogen hätten. Von päpstlicher Seite wurden allgemeine Investiturverbote wohl erst nach Canossa, nämlich 1078, ausgesprochen. Rund um Canossa spielte die Investitur offenbar noch keine Rolle. In den Augen der Kirchenreformer war die Investitur mit geistlichen Symbolen – Bischofsring und -stab – besonders anstößig; diese übergaben die Könige seit Heinrich III. dem Kandidaten und versinnbildlichten so, dass sich ihr Anspruch auf die geistliche Dimension des Amtes erstreckte.

Heinrich V.
(*UM 1086; †1125; KÖNIG 1098; KAISER 1111)

10.5.1098 Wahl in Mainz zum König; Krönung am 6.1.1099 in Aachen

5.1.1106 Erneute Wahl und Huldigung der Fürsten nach Absetzung des Vaters und der Auslieferung der Reichsinsignien

1106 Verhandlungen mit Papst Paschalis II. um das Investiturrecht scheitern, Ausbau der Königsherrschaft in Sachsen

1110–11 Erster Italienzug – Anerkennung in Oberitalien

1111 Vertrag von Sutri – geheimer Vertrag mit Paschalis II., der eine Trennung von Bischofamt und Reichsgut beschließt, scheitert bei seiner öffentlichen Verlesung durch den Protest der Fürsten; Papst und Kardinäle werden gefangen gesetzt, bis im Vertrag von Ponte Mammolo Investitur mit Ring und Stab sowie Kaiserkrönung zugestanden werden

13.4.1111 Kaiserkrönung Heinrichs V.

1114 Heirat mit Mathilde von England (†1167)

1115 Heinrich unterliegt der fürstlichen Opposition in der Schlacht am Welfesholz, kein Zugriff mehr auf Sachsen

1116–18 Zweiter Italienzug – Verhandlungen mit dem Papst führen nicht weiter; Mauritius von Braga als Gegenpapst Gregor VIII. von Heinrich installiert, erst unter Calixt II (1119–24) kommen die Verhandlungen wieder in Gang

23.9.1122 Wormser Konkordat

1124 Heinrich V. tritt auf Seiten seines Schwiegervaters Heinrich I. von England in den Krieg gegen Frankreich ein, muss jedoch zurückweichen

23.5.1125 Heinrich stirbt kinderlos in Utrecht als letzter Salier und wird im Dom zu Speyer beigesetzt

Darstellung der Investitur des heiligen Adalberts zum Bischof von Verona durch Kaiser Otto II.
983 auf der Bronzetür des Domes in Gnesen (um 1170–90).

Im Laufe des 11. Jahrhunderts bekräftigten die Päpste das Investiturverbot. Auf der Fastensynode von 1080, auf der auch die erneute Bannung Heinrichs IV. verkündet wurde, legte Gregor VII. fest, dass die Investitur durch Laien ungültig und jeder auf diese Weise Investierte aus der Gemeinschaft der Kirche ausgeschlossen sein sollte; jeden Laien, der eine solche Investitur vornahm, sollte das gleiche Schicksal treffen. Bischöfe sollten fortan von Klerus und Volk ohne jede weltliche Einflussnahme gewählt werden. Papst Urban II. untersagte 1095 darüber hinaus, dass Kleriker einem Laien den Lehnseid leisteten.

Trotz diverser Verbote der Laieninvestitur verengte sich die Auseinandersetzung erst nach dem Tod Heinrichs IV. auf diese Frage. Heinrich V. trat in Verhandlungen mit der Kurie ein – man suchte eine Lösung für die Investiturproblematik. Diese war für den deutschen König von besonderer Bedeutung, weil die Reichsbischöfe wesentliche Herrschaftsfunktionen wahrnahmen. In England und Frankreich konnte die Frage der Investitur vergleichsweise schnell gelöst werden. Zum einen hatten die Bischöfe hier eine andere Stellung, zum anderen brauchte das Papsttum vor allem Frankreich als Verbündeten gegen die Salier. Grundlage für die Lösung der Investiturfrage war die Trennung zwischen der weltlichen Ausstattung eines Bischofs (Temporalia) und seinem kirchlichen Amt (Spiritualia). Nur die Güter und Hoheitsrechte verlieh der König (Regalia), mit der Einführung in das kirchliche Amt hatte er nichts mehr zu tun. Auf dieser Grundlage kamen Kurie und Königtum in England – Konkordat von Westminster 1107 – und in Frankreich – sogar ohne vertragliche Einigung schon 1104 – zu einer Lösung. Dies sollte in Deutschland deutlich länger dauern. Entscheidende Schritte wurden erst 1111 unternommen.

Das Jahr 1111

In diesem Jahr überschlugen sich die Ereignisse, die Auseinandersetzung zwischen Papsttum und Königtum gewannen eine unerhörte Dynamik. Paschalis II. und Heinrich V. waren in direkte Verhandlungen eingetreten und hatten eine Lösung für die Investiturproblematik gefunden, die man mit dem modernen Schlagwort „Trennung von Kirche und Staat" beschreiben kann. Im Vertrag von Santa Maria in Turri einigten sie sich auf Folgendes: Heinrich verzichtete auf die Investitur, die Reichsbischöfe dafür ihrerseits auf alle vom Reich übertragenen Rechte. Die Kirche sollte lediglich Schenkungen und die Einnahmen aus dem Zehnt behalten. Alle anderen Ausstattungen – namentlich genannt wurden etwa: Städte, Herzogtümer, Grafschaften, Zölle und Marktrechte – sollten an das Königtum zurückfallen. Diese Lösung erscheint ebenso radikal wie einfach und geht das Investiturproblem an der für den König entscheidenden Stelle an. Nur solange die Bischöfe als Herrschaftsträger Stützen der Reichsregierung sind, ist die Kontrolle über die Besetzung für den König entscheidend. Die rein kirchlich-seelsorgerischen Aufgaben hätten keinen Investiturstreit evoziert. Die Reaktionen der Betroffenen auf den Vertrag von Santa Maria in Turri zeigten aber deutlich, dass Papst und König mit dieser Lösung an den Realitäten vorbei zielten. In Erfüllung des Vertrages sollte Heinrich am 12. Februar in Sankt Peter zum Kaiser gekrönt werden; als der Vertragstext der Einigung laut verlesen wurde, kam es unter den anwesenden Reichsfürsten – Bischöfen und Laien – zu einem Tumult: Die Krönung musste abgebrochen werden, Paschalis widerrief angesichts des Unmutes sein Dekret, woraufhin Heinrich ihn und etliche Kardinäle gefangen nehmen ließ.

Diese Tat erregte im Europa des 12. Jahrhunderts ein weit größeres Echo als der Gang nach Canossa – zumindest soweit es chronikalische Nachrichten betrifft. Das Papsttum war inzwischen zu einer anerkannten europäischen Institution geworden, Heinrichs Vorgehen erregte entsprechend breites Missfallen. Der Widerstand der Reichsfürsten wirft dabei ein bezeichnendes Licht auf die Situation im Reich. Die Bischöfe waren nicht gewillt auf ihre Machtposition als Fürsten zu verzichten, und die weltlichen Magnaten wollten nicht, dass alle Regalien wieder in der Hand Heinrichs vereint waren. Papst und Kaiser mögen eine Lösung gefunden haben, die ihren Belangen und vor allem auch ihrem Führungsanspruch in Kirche und Reich entsprachen – den Machtrealitäten entsprach sie nicht.

Nun befand sich also der Papst in der Gewalt des Saliers – und beugte sich nach entbehrungsreicher Haft seinen Bedingungen. Im April 1111 stellte Paschalis II. eine Urkunde aus, die bald schon als „Pravileg", als Schandurkunde (lateinisch *pravus* = schändlich), bezeichnet wurde. Paschalis musste sich seine Freilassung teuer erkaufen. Schon die Einleitung sprach allen Erfahrungen des Papsttums mit den Saliern Hohn: „Dass Euer Königtum in einzigartiger Weise mit der Heiligen Römischen Kirche verbunden ist, hat die göttliche Vorsehung gefügt. Denn Eure Vorgänger haben dank ihrer besonderen Rechtschaffenheit und Klugheit Krone und Kaisertum der Stadt Rom erworben."[22] Paschalis sprach Heinrich die Investitur mit Ring und Stab zu. Ohne die Investitur des Königs sollte kein Bischof in sein Amt gelangen, auch wenn er von Klerus und Volk kanonisch gewählt war. Das „Pravileg" folgt ganz der königlichen Sicht auf die Dinge: „Denn Eure Vorgänger haben die Kirchen ihres Königreiches mit so vielen Verleihungen ihrer Kronrechte reich versehen, dass dieses Reich besonders durch die Schutz-

mittel der Bischöfe und Äbte gestärkt werden muss, und Streitigkeiten unter den Leuten, wie sie sich häufig bei Wahlen zeigen, müssen durch die königliche Hoheit beseitigt werden."[23] Zwei Tage nach Ausstellung der Urkunde krönte Paschalis Heinrich V. zum Kaiser.

Das also ist eines der Jubiläen des Jahres 2011. Der deutsche König erpresst den Papst und zwingt ihn mit Gewalt, ihn zum Kaiser zu krönen. Was man im Sinne eines modernen Verständnisses als durchsetzungsstark und Primat des Politischen deuten könnte, funktionierte im 12. Jahrhundert nicht: Als Triumph der salischen Dynastie über das Papsttum geplant, offenbarten die Folgen des „Pravilegs" vor allem, wie gefestigt die Kurie und ihr Ansehen international waren. Heinrich verlor sehr schnell seinen Rückhalt im Episkopat. War er zu Beginn seines Königtums noch von vielen Geistlichen unterstützt worden, so geriet er nun ins Visier der Kirchenreform.

Der Weg zum Wormser Konkordat

Im Frühjahr 1112 erklärte eine Synode in Rom das ‚Pravileg' für ungültig, Heinrich V. verfiel im gleichen Jahr dem Bann. Wieder wurde jede Art von Laieninvestitur verboten.

Im Laufe des Jahres 1111 wurde alles an Vertrauen und Verhandlungserfolg wieder zunichte gemacht. Die Fronten verliefen so, wie unter Heinrich IV. Die gewaltsame Kirchenpolitik seines Sohnes war gescheitert. Nun folgte, was wir in Grundzügen schon kennen: Nach dem Tod Paschalis' II. 1118 folgte ihm Gelasius II. Gegen ihn setzte Heinrich mit Gregor VIII. einen eigenen Papst ein. Und wie schon unter Heinrich IV. brachte dem Salier dieses Schisma wenig Vorteile. Dieser Gregor fand keine Anerkennung und wurde als Burdinus, als riesengroßer spanischer Esel, verunglimpft. 1118 erneuerte Gelasius den Bann über Heinrich V.

Die Federzeichnung aus einer Kaiserchronik für Heinrich V. (1112/14) zeigt die Verleihung der Reichsinsignien durch den Erzbischof von Mainz 1106.

Erst unter Calixt II. (1119–1124) kamen die Verhandlungen wieder in Gang. Sie gestalteten sich schwierig, wurden mehrfach abgebrochen, und beide Seiten kehrten schließlich zu ihren Ausgangsforderungen zurück. Die Verhandlungen wurden aber von einer allgemeinen Sehnsucht nach Frieden und nach einer Beendigung des Konfliktes getragen. 1119 berief der Papst ein Konzil nach Reims ein; man einigte sich im Vorfeld auf einen Vertragstext, in dem Heinrich auf „die gesamte Investitur aller Kirchen" verzichtete.[24] Der Weg zu einer Einigung schien geebnet. Dann aber wurden auf päpstlicher Seite Bedenken laut, die ein klares Licht darauf werfen, wie detailliert und auch ein Stück weit technisch die Verhandlungen geworden waren. Man nahm Anstoß an der Formulierung des kaiserlichen Investiturverzichtes und befürchtete, dass sich dies nicht auf die weltlichen Güter der Kirchen beziehen könnte. Daher verlangte die Kurie in Nachverhandlungen, dass der Kaiser explizit auf jegliche Form der Investitur, auch mit den Temporalien, verzichten solle. Dies hätte aus Sicht des Kaisers den vollständigen Verlust an Einfluss über die Kirche bedeutet; deshalb führte er aus, dass sein Verzicht so nicht gemeint gewesen sei. Die päpstliche Seite brach daraufhin die Verhandlungen ab und erneuerte den Bann über Heinrich V.

Das Wormser Konkordat

In der Rückschau war dies aber nur eine Zwischenetappe auf dem Weg zu einer Lösung. Der Schlüssel lag im genauen Verständnis der Investitur; es galt einen Modus zu finden, der dem Kaiser Einfluss auf die Reichsbischöfe bewahrte und gleichzeitig mit den Vorstellungen des reformerischen Papsttums von einer freien Bischofserhebung vereinbar war. 1122 wurde dieser Kompromiss im sogenannten Wormser Konkordat gefunden. Heinrich

war durch das Drängen der Reichsfürsten zum Einlenken gezwungen worden, das im Fürstenspruch von Würzburg 1121 artikuliert wurde. Bei Worms fanden die Verhandlungen durch den Austausch zweier Urkunden ihren Abschluss – die Bezeichnung „Konkordat" geht auf Gottfried Wilhelm Leibniz († 1716) zurück. Eine Urkunde – das Heinricianum – war vom Kaiser für den Papst ausgestellt; die Gegenurkunde – das Calixtinum – von päpstlichen Legaten im Auftrag Calixts II. für Heinrich V.

Heinrich verzichtete auf die Investitur mit Ring und Stab und gestand der Kirche freie, kanonische Wahlen zu. Im Gegenzug wurde von päpstlicher Seite bestimmt, dass die Wahl der Bischöfe und Äbte in Gegenwart des Kaisers vollzogen werden sollte. In Streitfällen oblag dem Kaiser die Entscheidung. Die Verleihung der Regalien sollte durch das Zepter, in Deutschland vor, in Burgund und Italien nach der Weihe erfolgen.

In Worms wurde ein Kompromiss besiegelt: Das Papsttum gestand dem Kaiser einen gewissen Einfluss auf die Auswahl der Kirchenmänner zu und erkannte auch die weltliche Ausstattung mit Regalien an. Heinrich V. musste hingegen auf die Investitur mit Ring und Stab verzichten. Vergleicht man die Situation von 1122 mit den Zeiten eines Heinrich III., so werden die Einbußen deutlich, welche das salische Königtum hinnehmen musste: Aus der unangefochtenen Auswahl und Investitur der Bischöfe mit allen – auch sakralen – Symbolen waren die Regalienleihe und die Anwesenheit bei der Wahl geworden. Die Zusicherung, nur in Gegenwart des Herrschers zu wählen, konnte diesem zweifellos Einfluss auf die Auswahl des Kandidaten sichern. Dies hing jetzt aber von machtpolitischen Konstellationen und nicht zuletzt von der faktischen Umsetzbarkeit ab. Angesichts der Ausdehnung des Reiches und den Reisemöglichkeiten der Zeit war es sehr fraglich, ob der

Abschrift der zwei Urkunden des Wormser Konkordats
in einem römischen Codex aus dem frühen 12. Jh.

Kaiser bei jeder Bischofswahl persönlich zugegen sein konnte. Von einem gleichsam natürlichen Verfügungsrecht eines sakral legitimierten Herrschers über seine Reichskirche konnte keine Rede mehr sein.

Der Kompromisscharakter zeigt sich auch darin, dass man wohl ganz bewusst auf eine klare Begriffsbestimmung in Bezug auf die Regalien verzichtete. Der Einigung lag die gedankliche Trennung in Spiritualia und Temporalia zugrunde. Regalien konnten in diesem Sinne zunächst alle vom König oder Reich stammenden Temporalia bezeichnen – oder schlicht alle Temporalia, egal von woher sie an die Kirchen gelangt waren. Diese Unterscheidung ließ man ungeklärt und bediente sich eines Formelkompromisses, in den jede Seite hineinlesen konnte, was sie wollte.

Auch an den unterschiedlichen Bestimmungen zu den drei Königreichen Deutschland, Burgund und Italien wird eine Verschiebung der Herrschaftsstrukturen deutlich. Zunächst wurde hier manifest, dass die Einheit des Kaisertums aufgebrochen und in drei Bestandteile zerlegt wurde; fortan galt nicht ein Recht im ganzen Kaiserreich, sondern zwei. In Deutschland bewahrte der Salier deutlich mehr Einfluss als in Burgund und Italien, wo seine Zepter-Investitur erst nach der Weihe erfolgen sollte. Damit wurde das salische Königtum ein Stück weit auf Deutschland begrenzt. Im Wormser Konkordat erscheint nur mehr das Papsttum als allumfassende Gewalt.

Dieses Papsttum hat freilich auch Abstriche hinnehmen müssen. Von den Maximalforderungen eines Gregor VII. musste man abrücken. Calixt II. war durch das Eingreifen der Reichsfürsten klar geworden, dass er einen völligen Verzicht auf die Regalien-Leihe nicht durchsetzen konnte. Die weltliche Dimension der kirchlichen Besitzungen – das hatten die Vorgänge von 1111 eindrück-

lich gezeigt – machte eine vollständige Verwirklichung der *libertas ecclesiae*, der „Freiheit der Kirche", nicht möglich. Die Regelung von 1122 war weit davon entfernt, jeden laikalen Einfluss auf die Kirche auszuschalten. Die Kirche wurde durch die Leihe mit dem Zepter vielmehr in das Lehnssystem eingebunden: Die Reichsbischöfe wurden Vasallen des Königs für die Regalien ihrer Kirchen. Ein Lehnsverhältnis basierte auf einer wechselseitigen Verpflichtung zwischen Lehnsherr und Lehnsmann (Vasall). Der Lehnsherr übergab seinem Lehnsmann ein Lehen – etwa Land oder ein Amt –, dessen Wert sich aus den Einnahmen ergab, die damit verbunden waren; dafür leistete der Lehnsmann einen Treueid und verpflichtete sich zu Diensten – etwa Heeresfolge und Rat.

Das Schicksal der beiden Urkunden und ihre unterschiedliche Gestalt haben in der Forschung viel Aufmerksamkeit erfahren. Heinrichs Urkunde richtet sich an die römische Kirche und Papst Calixt, ist also nicht nur auf eine Person bezogen, sondern auf die Institution; daraus ergibt sich der Anspruch auf langfristige Gültigkeit. Calixt II. wandte sich hingegen ausschließlich an Heinrich V. Damit hätten die Vereinbarungen nach dem Tod Heinrichs ihre Gültigkeit verloren. Hier zeigt sich, dass die Vereinbarung von Worms in erster Linie darauf abzielte, die aktuellen Probleme zu lösen. Die Bezeichnung „Konkordat" ist insofern irreführend und anachronistisch, als dass sie einen Verfassungszustand suggeriert, den es Anfang des 12. Jahrhunderts nicht gab. Rechtliche Regelungen basierten nicht ausschließlich auf geschriebenen Satzungen; aus Heinrichs Sicht bestätigte der Papst in dem Zugeständnis der Regalienleihe ein Recht, das dem Kaiser ohnehin zustand. Hierzu passt, dass das Heinricianum heute noch im Original erhalten ist, es liegt im Archiv des Vatikans. Die Kurie maß dem Investiturverzicht des Kaisers hohe Bedeutung bei und behandelte die Urkunde als gewichtiges Dokument entsprechend. Das Original des Calixtinum ist hingegen verloren, der Text nur noch als Abschrift überliefert.

Die Einigung von Worms wurde von den Zeitgenossen als Beilegung und Beendigung des Konfliktes zwischen Kaiser und Papst verstanden und begrüßt. Fulcher von Chartres, einer der Chronisten des ersten Kreuzzuges, kommentiert: „Gott sei Dank, weil Königtum und Kirche in Liebe vereint werden."[25] Diese Wertungen resultieren weniger aus der Qualität des Kompromisses als Lösung, die alle Fragen dauerhaft beantwortet und klärt; man muss das Wormser Konkordat auch vor den unmittelbaren Zeitumständen werten: 1111 war das Verhältnis zwischen Papsttum und Kaisertum auf einem Tiefpunkt, noch 1119 schien eine Lösung nicht möglich. Vor diesem Hintergrund war die Vereinbarung von 1122 ein Erfolg.

Das Ende der Salier

Der entscheidende Schritt hin zur Einigung von Worms war von den Reichsfürsten ausgegangen. Auf einer Reichsversammlung 1121 hatten sie das Heft des Handelns in die Hand genommen und Verantwortung für das Reich übernommen. Was 1077 zur Wahl eines Gegenkönigs geführt hatte, brachte sie nun dazu, den Kaiser zu einem Ausgleich zu drängen. Dies ist als weiterer Schritt zum Dualismus zwischen König und Fürsten zu werten: Der Fürstenspruch von Würzburg unterscheidet klar zwischen dem Kaiser und dem Reich und betont die Verantwortung der Fürsten für das Reich. Sie fordern Heinrich auf, sich mit dem Papst zu versöhnen, und stehen dabei gleichzeitig für die Wahrung der Rechte des Reiches ein. Dieses Vorgehen ist Ausdruck der fürstlichen Stellung und Verantwortung.

Heinrichs Regierung war vor allem in der zweiten Hälfte von Aufstandsbewegungen und Kämpfen geprägt. Strukturelle Ursache hierfür war, dass die Bemühungen des Kaisers um Herrschaftskonsolidierung mit denen der Fürsten – weltlicher und geistlicher – kollidierten. So schloss sich eine Allianz gegen den Kaiser zusammen, die 1114 bei Andernach (zwischen Koblenz und Bonn) einen Sieg über die Truppen Heinrichs erringen konnte. Nun schlossen sich die Sachsen dem offenen Aufstand an; 1115 brachten sie Heinrich am Welfesholz (südlich von Magdeburg) eine schwere Niederlage bei. Der Nordteil des Reiches war daraufhin für das salische Königtum verloren.

Auch durch die Einigung von Worms, welche etwas vom reformerischen Druck von Heinrich nahm, änderte die Lage nicht grundlegend. 1120 war Wilhelm, der englische Thronfolger gestorben; Heinrichs Frau Mathilde, die Tochter König Heinrichs I. von England, war damit die einzige Anwärterin auf den Thron. Diese Konstellation intensivierte die englisch-deutschen Beziehungen und brachte Heinrich in Gegnerschaft zum französischen König Ludwig IV. 1124 bereitete Heinrich einen Feldzug nach Frankreich vor, der allerdings bei den Reichsfürsten nur wenig Unterstützung fand und kläglich scheiterte. Das Anrücken der deutschen Truppen löste eine Welle der patriotischen Unterstützung für das französische Königtum aus und stärkte dessen Position nachhaltig. Heinrich musste sich zurückziehen. Das deutsche Königtum hatte seine hegemoniale Vorrangstellung eingebüßt.

Am 23. Mai 1125 starb Heinrich V. in Utrecht. Seine Ehe mit Mathilde war kinderlos, was von seinen Kritikern als Strafe Gottes für den Aufstand gegen seinen Vater gewertet wurde. Sein Tod brachte eine für das Reich neue Situation: Zum ersten Mal seit den Zeiten Konrads II. starb ein König, ohne dass die Nachfolge geregelt war. Ins Erbe der salischen Besitzungen traten die Staufer ein. Zum König wählten die Fürsten aber Lothar von Süpplingenburg, den Herzog von Sachsen und hartnäckigen Widersacher Heinrichs der letzten Jahre. Das salische Königtum war damit am Ende.

DER DOM ZU SPEYER

Zeugnis der Salierherrschaft

Das heute prominenteste Zeugnis der Salierherrschaft ist der Dom zu Speyer. Er verdankt seine Entstehung der salischen Herrschaftsidee und Konzeption von Dynastie; der Dom ist Stein gewordenes Zeugnis des salischen König- und Kaisertums. Als Grablege der salischen Könige und etlicher Nachfolger war er ein memoriales Zentrum des mittelalterlichen deutschen Königtums. Noch heute finden sich immer wieder Blumen auf einzelnen Herrschergräbern, und der Dom dient – wie anfangs erwähnt – als Kulisse für politische Inszenierungen.

Sein heutiges Aussehen ist das Ergebnis einer langen Entwicklung. Kurz nach der Krönung Konrads II. am 8. September 1024 wurde der Bau begonnen; noch in der Salierzeit umgestaltet und neu gebaut wurde er im frühen 12. Jahrhundert zum Abschluss gebracht. Im Laufe der folgenden Jahre und Jahrhunderte wurden immer wieder einschneidende Veränderungen vorgenommen; im Jahr 1689 zerstörten französische Truppen König Ludwigs XIV. im Pfälzischen Erbfolgekrieg große Teile von Stadt und Dom. Im 18. Jahrhundert erfolgte der Wiederaufbau, in der Mitte des 20. eine groß angelegte Restaurierung, welche auf die Wiederherstellung des mittelalterlichen, romanischen Zustandes abzielte. Trotz dieser Arbeiten kann kein Zweifel daran bestehen, dass wir es heute nicht mit dem mittelalterlichen Dom der Salier in Reinform zu tun haben. Im Inneren war er verputzt, getüncht und farbig lasiert, außen wurde seine Erscheinung von Anbauten geprägt. Der Dom war Teil der auch baulich ausgestalteten Dom-Immunität, eines von der restlichen Stadt geschiedenen Rechtsraumes, in dem die bischöfliche Autorität galt. Als Grenze zwischen städtischer und bischöflicher Sphäre diente der Domnapf. Zur sogenannten Domstadt gehörten etwa die Bischofspfalz im Nordosten des Domes und der Kreuzgang im Süden. Noch heute lassen sich am Dom die Nahtstellen zu diesen Gebäuden erkennen. Am augenscheinlichsten ist der nachmittelalterliche Zustand des heutigen Domes am Westbau, der im 19. Jahrhundert von Heinrich Hübsch errichtet wurde. Schon die absolute Symmetrie und Uniformität der romanischen Stilelemente heben diesen neuromanischen Bau von seinen langsamer und vielschichtiger gebauten mittelalterlichen Vorgängern ab.

Trotz dieser Vorbehalte vermittelt der Dom uns heute eindrücklich die salische Kaiseridee, vielleicht wirkt er

Bei den Renovierungen im Langhaus (Blick nach Westen) musste 1963 das mittelalterliche Niveau des Fußbodens ergraben werden.

Der Domnapf vor dem Dom in Speyer wird erstmals 1314 erwähnt.

durch die ihn umgebende Grünanlage sogar noch majestätischer. Auffällig ist zunächst die schiere Größe: Mit einer Gesamtlänge von 134 Metern war er bei der Planung die größte romanische Kirche seiner Zeit. Konrad II. hat nach seiner Erhebung zum König 1024 den Neubau des Domes in Speyer beschlossen und das Bistum mit zahlreichen Zuwendungen gefördert.

Warum gerade Speyer?

Es ist kein Zufall, dass Konrad diese Stadt gewählt hat, und seine Entscheidung gewährt uns Einblicke in das Herrschaftsverständnis des Saliers. Mit dem Bau eines Domes stellte sich Konrad in die Tradition zweier seiner Vorgänger auf dem Königsthron: Otto I., der Große, (912–973) hatte Magdeburg, Heinrich II. (973/78–1024) Bamberg gefördert. Somit kam für Konrads Pläne nur eine Bischofskirche infrage. Im Einflussbereich der Salier gab es drei Bistümer: Mainz, Worms und Speyer. Mainz schied als Sitz des einflussreichen Erzbischofes aus, weil hier kein Platz für die Herrschaftsrepräsentation der Salier war. Gleiches galt ein Stück weit für Worms, auch wenn die Stadt lange das Zentrum der salischen Herrschaft und der Wormser Dom die Familiengrablege vor Konrads Königtum war. In Worms liegt etwa Konrad der

Rote, Herzog von Lothringen, Schwiegersohn Kaiser Ottos I. und Urgroßvater Konrads II., begraben. Dies belegt das hohe Ansehen der Salier als Adelsfamilie. Eine Bischofskirche als Grabstätte war für nichtkönigliche Adlige keineswegs üblich. Im Zuge von Erbteilungen und politischen Entwicklungen unter König Heinrich II., dem Vorgänger Konrads II., verloren die Salier an Einfluss in Worms. Im Jahre seiner Königserhebung 1002 schenkte Heinrich II. die salischen Besitzungen dort an Bischof Burchard. Die salische Linie teilte sich in eine ältere, zu der Konrad II. gehörte, und eine jüngere Linie, die von seinem gleichnamigen Cousin angeführt wurde. Worms blieb die Grablege der jüngeren Salier, Konrad verlegte die Grablege seiner Linie nach Speyer.

Aber nicht nur das Ausschlussverfahren sprach für Speyer. Bistum und Domkirche waren der Heiligen Maria geweiht, und die Salier strebten eine besondere Verbindung zur Gottesmutter an. Konrad wurde am 8. September zum König gesalbt und gekrönt, dem Fest von Mariä Geburt; am 11. September erfüllten Konrad und seine Frau Gisela ein Gelübde, welches sie vor der Krönung abgelegt hatten, indem sie dem Kapitel des Speyerer Domes eine Schenkung machten. Konrad stellte sein Königtum damit in den Schutz Marias, denn sie war als Patronin Speyers die Empfängerin der Schenkung. Konrad folgte damit einer Tradition, die Maria eine besondere Bedeutung für Königsherrschaft zuwies. Darüber hinaus verwies das Evangelium, das am Feste Mariä Geburt in der Liturgie gelesen wurde, auf die *Generatio Christi*. Somit wurde hier die Stellung des Königs als Stellvertreter Christi markiert. Die Verbindung zu Maria hat auch Niederschlag im Bildprogramm einiger von salischen Königen gestifteten liturgischer Handschriften gefunden (siehe dazu oben S. 28–30).

Die Beziehungen der Salier zu Speyer drückten sich in einer für das Mittelalter typischen Verbindung von Kirchenpatronat, Rücksicht auf Tagesheilige und -liturgie sowie materiellen Zuwendungen aus. Herrschaft und ihre Repräsentation wurden auch in religiösen Bahnen gedacht und kommuniziert.

Speyer wurde also aus verschiedenen Gründen zum Zentralort der salischen Königsmemoria. Der Dombau wurde wie im Mittelalter generell üblich nicht auf der ganzen Grundfläche gleichmäßig in die Höhe, sondern von Ost nach West fortschreitend durchgeführt. So wurde schnellstmöglich ein geosteter Altarraum geschaffen, den man gegen den Rest der Baustelle abschließen und zur Messfeier nutzen konnte. Die Weihe des Hochaltars fand dementsprechend 1046 deutlich vor der Weihe des ersten Domes 1061 statt.

Die Bauphasen

Der Dom entstand nicht aus einem Guss; er wurde schon unter den Saliern immer wieder verändert. Bauten dieser Größenordnung waren für die Ewigkeit gedacht – auch in dem Sinne, dass der Auftraggeber in der Regel die Fertigstellung nicht erlebte. Vor allem die ersten drei Salierkönige haben sich in die Gestaltung des Domes eingebracht. Verschiedene Planänderungen korrespondieren mit der politischen Geschichte und sind zudem als Ausdruck ihres Herrschaftsverständnises und Repräsentationswillens zu verstehen.

Die kreuzförmige Grundanlage des romanischen Domes geht auf den ersten Bau (Bau I) zurück, der unter Konrad II. begonnen und 1061 unter Heinrich IV. geweiht wurde. Das Langhaus ist dreischiffig gestaltet, unter dem Querhaus befindet sich die Hallenkrypta, die vor Fertigstellung der ganzen Anlage schon als Kirche genutzt

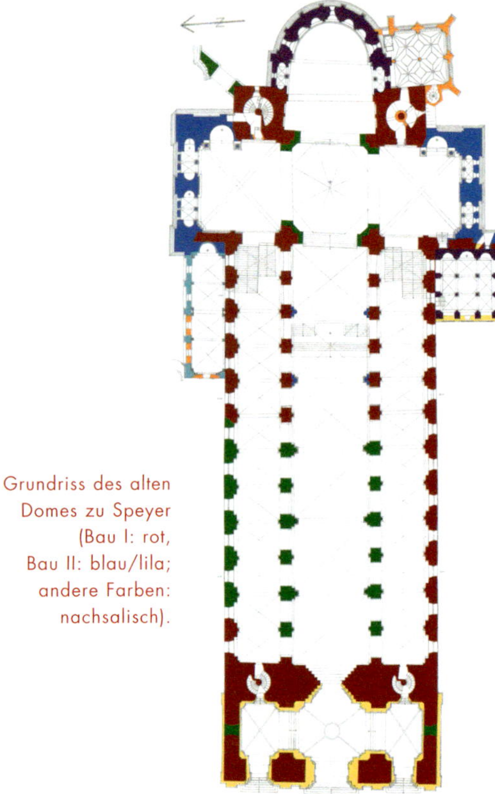

Grundriss des alten Domes zu Speyer (Bau I: rot, Bau II: blau/lila; andere Farben: nachsalisch).

werden konnte. Dieser erste, frühromanische Dom ist heute noch in einigen Teilen sichtbar: Die beiden Osttürme bis zur Höhe des Querhausdaches stammen aus dieser Phase. In der Mauerstruktur kann man die unterschiedlichen Bauphasen noch ablesen. Links sieht man die gotische Krypta, die erst im 15. Jahrhundert angebaut wurde; die gotischen Spitzbögen sind in den unteren Fenstern gut zu erkennen. Die kleinen romanischen Rundbogenfenster der Türme folgen dem Lauf der Wendeltreppe im Inneren; deswegen sind sie nicht genau übereinander angeordnet. Die halbrunde Form der Apsis gehört schon zu Bau II, der unter Heinrich IV. im ausgehenden 11. Jahrhundert umgesetzt wurde. In diesen Bauabschnitt fällt auch die sogenannte Zwerggalerie: Dabei handelt es sich um einen Gang in der Außenmauer unterhalb des Daches, der von kleinen Säulen getragen wird.

Diese Galerie läuft um den ganzen Dom und verzahnt so die einzelnen Bauteile optisch.

Konrad II. wurde auf der Baustelle seines Domes beigesetzt. Sein Sohn Heinrich III. steigerte die Dimensionen des Baues beträchtlich. Das Langhaus war auf 55 m geplant worden, Heinrich ließ es auf 70 m erweitern. Unter ihm erhielt der Dom die Ausmaße, die wir heute sehen und die ihn noch heute zu einer der größten romanischen Kirchen Europas machen. Hier zeigt sich der Anspruch des zweiten Saliers: Für sein Kaisertum und die Kirche seiner Familie waren nur wahrhaft gigantische Ausmaße angemessen. Auch Heinrich III. erlebte die Vollendung des Domes nicht.

Bau I wurde unter seinem Sohn 1061 geweiht. Aber schon bald genügte der Dom den Ansprüchen dieses Saliers nicht mehr. Am 14. Oktober 1080, dem Tag vor der Schlacht an der Elster gegen Rudolf von Rheinfelden, schenkte Heinrich der Kirche von Speyer das Gut Waiblingen. Er stellte sich unter den Schutz der Gottesmutter Maria. Nachdem er sich gegen Rudolf durchsetzen konnte, ließ der Salier in den 1080er Jahren den Dom neu gestalten: Bau II entstand. Der Neubau war also Teil des Herrscherverständnisses und gehört zu den Folgen der politischen Situation nach dem Sieg von 1080.

Für Bau II wurden Teile des Vorgängerbaus abgetragen und wesentliche Elemente neu gestaltet. Dazu gehörten neben Zwerggalerie und Abrundung der Apsis der Turm über der Vierung und vor allem das Gewölbe über dem Mittelschiff. Bau I hatte noch mit einer Balkendecke abgeschlossen.

Im Zuge der Neugestaltung wurde der Dom auch reich verziert. In der Auseinandersetzung mit dem Papsttum unterstrich Heinrich IV. mit der Ausgestaltung des

Blick auf die Ostseite des Domes. Zu sehen sind die Osttürme, die gotische Krypta (links), die halbrunde Apsis und die Zwerggalerie.

Domes die Ansprüche seines Kaisertums. Nicht trotz, sondern wegen seines fortwährenden Kampfes mit Rom gestaltete er die Kirche seiner Dynastie neu.

Beim Tod Heinrichs IV. 1106 waren die Bauarbeiten fast abgeschlossen. Sein Sohn Heinrich V. hat sie zu einem Ende geführt. Von allen Salierkönigen hat er am wenigsten in die Gestalt des Domes eingegriffen.

Die Grablege des Herrscherhauses

Eine einheitliche Königsgrablege gab es im Reich des 10. und frühen 11. Jahrhunderts nicht. Die Vorgänger Konrads II., die ottonischen Könige und Kaiser sind an verschiedenen Orten bestattet: Heinrich I. (†936) in Quedlinburg, Otto I. (†973) in Magdeburg, Otto II. (†983) in Rom, Otto III. (†1002) in Aachen und Heinrich II.

Die Öffnung des Grabes von Konrad II. am 23. August 1900.

(†1024) in Bamberg. Die Begräbnisstätten erklären sich jeweils aus der individuellen Historie der Herrscher, sei es ihrer Hinwendung zu einem Bistum oder den Umständen ihres Todes. Mit dem Dom zu Speyer und der Grablege der Salier wurde erstmals eine einheitliche Begräbnisstätte der deutschen Könige und Kaiser geschaffen. Diese war das Ergebnis eines langwierigen Prozesses und mehrfacher Umgestaltungen der Grablege im Dom. An der Baugeschichte lässt sich hier die Veränderung der Herrschaftskonzeption ablesen. Der Weg war nicht geradlinig und soll hier in wesentlichen Etappen nachgezeichnet werden. Dabei müssen die Ergebnisse archäologischer und baugeschichtlicher Untersuchungen zu den Schriftquellen und der politischen Geschichte in Bezug gesetzt werden. Grundlegende Erkenntnisse wurden bei der Öffnung der Kaisergräber 1900 gewonnen. Einige wurden unversehrt gefunden: die Gräber Konrads II., seiner Frau Gisela, Heinrichs III. und Heinrichs IV.; hier fand man Grabbeigaben, wie etwa die Grabkronen oder einen Reichsapfel. Die Skelette Heinrichs IV. und Heinrichs V. konnten gut erhalten geborgen und untersucht werden. Die Grablege präsentiert sich heute in einer der Krypta nach Westen vorgelagerten Gruft. Hier ist die Lage der einzelnen Gräber durch Steinplatten mit Inschriften markiert; diese Anlage wurde im Anschluss an die Grabungen von 1900 errichtet und in den 1960er Jahren umgestaltet, wobei die Lage der Gräber nicht in allen Fällen dem mittelalterlichen Begräbnisort entspricht.

1039 wurde Konrad II. im Dom, oder genauer: auf der Dombaustelle, begraben. Der Sarkophag war deswegen mit Eisenbändern verstärkt. Konrads Grabstelle lag an prominenter Stelle am Ostende des Mittelschiffes vor der Vierung; das war die traditionelle Begräbnisstelle für

einen Kirchenstifter. Schon diese erste Grablege lässt dynastische Absichten erkennen: Neben Konrad sollten seine Frau Gisela und der gemeinsame Sohn Heinrich, als Heinrich III. Nachfolger seines Vaters, hier begraben werden. Dabei war zunächst noch nicht an die Königsgrablege des Reiches, sondern an das Stiftergrab der Salier gedacht. Die Konzeption reichte zunächst nicht über Heinrich III. hinaus, denn für weitere Gräber war kein Platz vorgesehen. So wurde Gisela 1043 an der Seite ihres Gatten begraben, wodurch die Grablege asymmetrisch geriet.

Unter Heinrich III. kam es dann zur ersten einschneidenden Umgestaltung der Grablege. Einen Hinweis auf den Zeitpunkt liefert ein Bericht des Chronisten Hermann von Reichenau, genannt der Lahme: Kaiser Heinrich III. habe sich Ostern 1052 mit Bischof Sigebod von Speyer und der Stadt verfeindet und diese im Zorn verlassen: „Von da an begann er, wie man sagt, den Ort, der die Gräber seines Vaters und seiner Mutter barg, mehr und mehr gering zu schätzen."[26] Diese Nachricht wird mit einer baulichen Veränderung der Grablege in Verbindung gebracht, die darauf hindeutet, dass Heinrich Speyer keineswegs dauerhaft den Rücken gekehrt hat. Der Kaiser hat im Gegenteil dafür gesorgt, dass der Dom in eine ganz neue Dimension von Grablege überführt wurde: Er veranlasste eine Erweiterung der Grablege nach Westen, sodass diese etwa ein Drittel des Mittelschiffes umfasste und von 4 x 5 m auf 9 x 21 m anwuchs. Raum hierfür hatte die Erweiterung des Mittelschiffs auf 70 m und die Verlegung der Treppen zur Krypta in die Seitenschiffe geschaffen. Die neue Grablege war leicht vertieft und vom restlichen Kirchenraum durch eine kleine Mauer abgegrenzt. Sie hatte wahrlich königliche Ausmaße: Hier wurde eine zentrale Begräbnisstätte für das Königtum geschaffen. Das bisherige Areal wurde beinahe verzehnfacht; es bot so

Platz für zahlreiche Gräber und hätte auch bei konsequenter Nutzung wohl für Jahrhunderte ausgereicht. Legt man die Durchschnittsgröße der Saliersarkophage zugrunde, hätte dieses Feld Platz für etwa 80 Gräber geboten, mithin genug für alle Könige des deutschen Reiches bis zur Abdankung Franz' II. 1806 und etliche ihrer Gemahlinnen. Diese Konzeption verrät viel über das Herrschaftsverständnis Heinrichs III.: Hier wird Königtum als Teil einer Folge von Herrschaftsträgern mit dynastischer Verbindung und sakraler Legitimation gedacht. So wie das Begräbnisfeld schier unendlich viel Platz bietet, wird das Königtum als ewige Institution verstanden. Dieses Königtum soll dauerhaft mit Speyer verbunden sein und damit auch mit der salischen Familie.

Das Gräberfeld in Speyer als Ausdruck dieses Verständnisses sollte den Salier aber nicht lange überleben. Nachdem Heinrich III. 1056 im Dom bestattet worden war, wurde das Gräberfeld nach Westen abgeschlossen und damit wieder verkürzt. Dies hat weniger mit einer Änderung im salischen Herrschaftsverständnis als mit der Minderjährigkeit Heinrichs IV. und den Vorstellungen des Hausherrn des Domes zu tun: Bischof Konrad von Speyer ließ das Gräberfeld verkürzen, offenbar weil es in seinen Augen innerhalb seiner Bischofskirche zu dominant geworden war. Der regierende Salier Heinrich IV. war noch ein Kind und hatte somit dem Bischof in dieser Frage wenig entgegenzusetzen.

Trotz dieser Reduktion blieb Speyer die Grablege des Herrscherhauses: 1090 wurde die Gemahlin Heinrichs IV. Bertha nach Speyer überführt, am 7. August 1111 wurde Kaiser Heinrich IV. im Dom neben seinem Vater begraben. Gestorben ist Heinrich IV. am 7. August 1106: Die Diskrepanz von genau fünf Jahren zwischen Tod und endgültiger Ruhe an der von ihm gewünschten Stätte weist

auf die harschen Auseinandersetzungen dieses Saliers mit der Kirche und auf die Stellung seines Sohnes Heinrich V. im Jahr 1111 hin. Heinrich IV. starb in Lüttich als Gebannter, sein Sohn Heinrich hatte sich gegen ihn erhoben und die Königswürde erlangt. Erst 1111 konnte Heinrich V. die Absolution seines Vaters durch Papst Paschalis II. erwirken und somit die Voraussetzung dafür schaffen, dass dieser im Dom beerdigt werden konnte. Vorher hatte Bischof Gebehard von Speyer darauf bestanden, den Sarg des gebannten Kaisers in einer noch ungeweihten Kapelle abzustellen – sehr zum Verdruss der speyerischen Bevölkerung, die diesem Salier verbunden war ohne Rücksicht auf Bannfluch und Absetzung. Die Geschehnisse um die Begräbnisstätte Heinrichs IV. belegen, wie eng die Verbindung von Kirche und Königtum und wie sehr Heinrich V. dem dynastischen Gedanken des Salierhauses verpflichtet war. Darüber hinaus macht die Sympathie der Speyerer Bürger aber auch deutlich, wie weit die Winkelzüge der hohen Politik – und dazu war sicherlich auch die Bannung des Kaisers zu zählen – von den Interessen und Belangen der Bevölkerung entfernt sein konnten. Heinrichs Bannung mochte ihn politisch schwächen und seine kirchliche Ruhesetzung behindern, die Bürger von Speyer musste sie nicht beunruhigen. Anlässlich der Beisetzung Heinrichs IV. erhielten sie von dessen Sohn ein Privileg: Als Gegenleistung für die Bemühungen der Bürger um das Seelenheil seines Vaters gewährte er der Stadt diverse Rechte und Vorteile. Diese Urkunde wurde in goldenen Buchstaben über dem Domportal angebracht: ein Zeichen der Verbundenheit von Saliern, Dom, Stadt und Bürgern. Die Inschrift ist heute verloren; die Freiheiten für die Bürger sind ein weiterer Anlass für ein Jubiläum zum Jahr 1111: In Speyer begeht man 900 Jahre Bürgerfreiheit. (Vgl. Bild rechts: die Urkunde Heinrichs V. für Worms.)

Auch Heinrich V. fand seine letzte Ruhestätte in Speyer: 1125 wurde er hier begraben. Da er keine Kinder hatte, erlosch die salische Dynastie mit diesem Herrscher. Damit verlor die Grablege in Speyer aber nicht an Bedeutung. Auf die Salier folgten – nach dem Königtum Lothars von Süpplingenburg – mit Konrad III. 1138 die Staufer auf den Königsthron. Der Staufer Herzog Friedrich von Schwaben hatte Agnes, die Tochter Heinrichs IV. geheiratet; dies bildete die Grundlage dafür, dass die Staufer das Hausgut der Salier erbten. Auch ihren Anspruch auf den Königsthron sahen die Staufer in ihrer Verwandtschaft zu den Saliern begründet, was sich etwa in der Übernahme der Leitnamen „Heinrich" und „Konrad" zeigt. In dieses Bild passt auch, dass die Staufer keinen eigenen Großkirchenbau betrieben haben, den sie neben Magdeburg, Bamberg und Speyer als Ausdruck der eigenen Macht gestellt hätten. Vielmehr knüpften sie an die salische Tradition an und verstanden deren Dom auch als staufische Grablege. In Speyer liegt außer König Philipp von Schwaben auch die zweite Frau Friedrichs I., Beatrix von Burgund. Für Friedrich I., Barbarossa, war Speyer als Grabstelle geplant, sein Tod auf dem Kreuzzug in Kleinasien verhinderte diese Pläne. Hier wird deutlich, dass dynastische Grablegen als Ausweis einer bestimmten Herrschaftsideologie immer auch von alltäglichen Zufällen abhängig waren: Alle Salierkönige starben nördlich der Alpen in ihrem Königreich (Konrad II. in Utrecht, Heinrich III. in Bodfeld im Harz, Heinrich IV. in Lüttich und Heinrich V. in Utrecht). Damit war eine rein praktische Voraussetzung für die dynastische Grablege geschaffen.

Nach den Staufern fanden in Speyer noch drei weitere Könige ihre letzte Ruhe: Rudolf von Habsburg (†1291), Adolf von Nassau (†1298), Albrecht I. (†1308).

WAS BLEIBT
VON DEN SALIERN?

Der Dom zu Speyer zeugt heute ebenso von dem Herrschaftsverständnis der Salier wie vom Wandel historischer Zustände und Zuschreibungen. Wir stehen in Speyer nicht vor einem mittelalterlichen Bauwerk, sondern vor dem Ergebnis einer langen Entwicklung – auch geprägt von dem, was verschiedene Epochen unter dem Mittelalter und unter historischer Größe verstanden haben. In der Salierzeit war der Dom Gotteshaus, Kristallisationspunkt salischer und kaiserlicher Memoria und: meistens eine Baustelle. Bei der Renovierung und Restaurierung in den 1950er und 1960er Jahren entschied man sich dafür, dem Zustand zur Salierzeit wieder nahe zu kommen und dafür andere Phasen der Entwicklung – etwa die Ausgestaltungen des 19. Jahrhunderts – weitestgehend aufzugeben.

Die Salierzeit birgt eine gewisse Faszination. Die Erinnerung an eine vermeintlich deutsche Größe schwingt schon in der Bezeichnung „Kaiserdom" mit. Zeitgenössisch war etwa von „der heiligen Kirche in Speyer zu Ehren der allerheiligsten Jungfrau Maria erbaut"[27] die Rede. Hinweise auf eine deutsche Geschichtstradition suggerieren Kontinuität, übersehen aber auch, wie der Begriff „deutsch" gerade in der Zeit der Salier konnotiert war: als abwertender Kampfbegriff des Reformpapsttums gegen diese Dynastie.

Der Dom zu Speyer in seiner nachmittelalterlichen Gestalt: Hier sehen wir Teile der Figurengruppe über dem Hauptportal. In der Mitte thront die Patronin des Domes Maria, links von ihr steht der Erzengel Michael mit Schwert, rechts Johannes der Täufer. Die Figuren wurden auf Veranlassung Kaiser Franz Josef I. (1830–1916) aus dem Hause Habsburg von dem Wiener Künstler Joseph Gasser gestaltet. Der kaiserliche Doppeladler zu Füßen Mariens belegt, dass der Dom zu Speyer auch im 19. Jh. der Repräsentation von Herrschaft diente.

Zur europäischen Dimension der salischen Geschichte gehört neben einem Anspruch des Kaisertums auf Vorrang und einer – etwa durch den Erwerb Burgunds – hegemonialen Stellung unter Konrad II. und Heinrich III. auch anderes: das Scheitern des Vorstoßes Heinrichs V. gegen Frankreich oder die europaweite Empörung über sein Agieren im Jahr 1111.

Dieses Jahr brachte dem Salierkönig nicht nur ein in den Augen vieler Zeitgenossen fragwürdiges Kaisertum, sondern auch die Entfremdung vom Papsttum und die Exkommunikation. Die Einigung im Investiturstreit ist in diesem Jahr deutlich erschwert worden. 1061 sah nicht nur die Weihe des Domes zu Speyer, sondern auch die Einsetzung des Gegenpapstes Honorius II. und eine zunehmende Entfremdung zwischen dem salischen Königshof und dem Reformpapsttum. So lassen sich beide Jubiläumsjahre auch als Tiefpunkte der salischen Kirchenpolitik verstehen.

Jubiläen und historische Reminiszenzen werfen punktuelle Schlaglichter in die Vergangenheit und lassen manches im Dunkeln. Erst wenn man die Geschichte der Salier umfassender betrachtet, werden die Deutungen klarer und gleichzeitig vielschichtiger. Der Gang nach Canossa ist dann weniger eine nationale Schande als ein taktischer Schachzug, der auf tagespolitischer Ebene durchaus erfolgreich war. Die historische Bedeutung liegt weniger in der Demütigung eines deutschen Königs als in der Aufhebung der Einheit von Königtum und Kirche.

Es ist letztlich gerade diese Vieldeutigkeit, die den Reiz der salischen Epoche und ihre Relevanz ausmacht. Entscheidende Neuerungen haben hier stattgefunden: Die Einheit von Königtum und Kirche zerbrach; es gab nun zwei Gewalten, die um die Vorrangstellung konkurrierten, und dieser Streit dominierte weite Teile der mittelalterlichen Geschichte. Im 11. Jahrhundert bildete sich die Vorstellung vom päpstlichen Primat in der Kirche aus; Papstwahl durch die Kardinäle und Zölibat sind Phänomene der Salierzeit, die heute noch wirksam sind. Seine universelle Geltung hat das Papsttum im Kampf gegen die Salier erlangt.

Die Stellung des deutschen Königtums innerhalb des Reiches erfuhr ebenfalls eine grundlegende Veränderung: Die Fürsten traten in die Verantwortung für das Reich ein, das mehr und mehr vom König losgelöst gedacht wurde. Das Moment der Königswahl wurde ebenso gefestigt wie die Macht der Fürsten in ihren Herrschaftsgebieten.

So erscheint die Salierzeit in der Geschichtswissenschaft als eine Zeit des Umbruchs und des Wandels; hier wurden Weichen gestellt, die für den Fortgang der deutschen Geschichte entscheidend waren.

ANHANG

1 Wipo, Taten Kaiser Konrads II., Kap. 2, S. 539.
2 Wipo, Taten Kaiser Konrads II., Kap. 1, S. 531.
3 Wipo, Taten Kaiser Konrads II., Kap. 1, S. 533.
4 Wipo, Taten Kaiser Konrads II., Kap. 7, S. 561
   (Übersetzung überarbeitet).
5 Wipo, Taten Kaiser Konrads II., Kap. 2, S. 541.
6 Wipo, Taten Kaiser Konrads II., Kap. 8, S. 561.
7 Synodalschreiben Vigilantia universalis Papst Nikolaus' II.
   (1059), in: Laudage/Schroer, Nr. 9, S. 63.
8 Anselms Gesta der Lütticher Bischöfe, Kap. 66, in:
   Laudage/Schroer, Nr. 4, S. 47.
9 Dictatus papae Gregors VII., in: Laudage/Schroer, Nr. 27,
   XXVI., S. 103 .
10 Ebd., IX., S. 101.
11 Ebd., XXII., S. 103.
12 Brief Heinrichs IV. an Gregor VII. (1073), in: Schmale/Schmale-
   Ott, Die Briefe Heinrichs IV., Nr. 5, S. 55.
13 Brief Gregors VII. an Heinrich IV. (1074), in: Laudage/Schroer,
   Nr. 22, S. 91.
14 Brief Gregors VII. an Heinrichs IV. (1075), in: Laudage/Schroer,
   Nr. 29, S. 105.
15 Brief Heinrichs IV. an Gregor VII. (1076) erste Fassung, in:
   Laudage/Schroer, Nr. 33, S. 121 und zweite Fassung, in: ebd.,
   Nr. 34, S. 123.
16 Brief Heinrichs IV. an Gregor VII. (1076) zweite Fassung, in:
   Laudage/Schroer, Nr. 34, S. 125.
17 Lampert von Hersfeld, Annalen zum Jahr 1076, S. 385.
18 Oppenheimer Promissio Heinrichs IV., in: Laudage/Schroer,
   Nr. 38, S. 137.
19 Eidesleistung Heinrichs IV. in Canossa, in: Laudage/Schroer,
   Nr. 39, S. 139.
20 Vita Heinrici IV., Kap. 3, in: Laudage/Schroer, Nr. 43, S. 165.
21 Brief Gregors VII. an die deutschen Fürsten, in: Laudage/Schroer,
   Nr. 40, S. 141.
22 Privileg Paschalis' II. (1111), in: Laudage/Schroer, Nr. 66, S. 217
23 Ebd.
24 Hesso Scholasticus, Bericht über das Reimser Konzil (1119), in:
   Laudage/Schroer, Nr. 68, S. 223.
25 Fulcher von Chartres, Historia Hierolosymitana, hg. v. Heinrich
   Hagenmeyer, Heidelberg 1913, Buch 3, Kap. 13, S. 654.

Reichsapfel – Globus, Köln (um 1200)

26 Hermann von Reichenau, Chronik, übers. v. Werner Trillmich,
   in: Quellen des 9. und 11. Jahrhunderts zur Geschichte der Hamburgischen Kirche und des Reiches, Darmstadt 1968, S. 699.
27 Urkunde Heinrich III. vom 7.9.1046, in: Die Urkunden
   Heinrichs III., hg. v. H. Bresslau/P. Kehr, Berlin 1931 (MGH
   Diplomata), Nr. 167, S. 209.

QUELLEN- UND LITERATURVERZEICHNIS

Gedruckte Quellen

Frutols und Ekkehards Chroniken und die anonyme Kaiserchronik, übers. v. Franz-Josef SCHMALE/Irene SCHMALE-OTT (= Ausgewählte Quellen zur deutschen Geschichte des Mittelalters 15), Darmstadt 1972.

HARTMANN, Wilfried (Hrsg.), Deutsche Geschichte in Quellen und Darstellungen Bd. 1., Frühes und hohes Mittelalter 750–1250, Stuttgart 1995. Zu den Saliern S. 227–339.

Lampert von Hersfeld, Annalen, übers. v. Adolf SCHMIDT (= Ausgewählte Quellen zur deutschen Geschichte des Mittelalters 13), Darmstadt 1962.

LAUDAGE, Johannes/SCHRÖR, Matthias (Hrsg.), Der Investiturstreit. Quellen und Materialien (Lateinisch-Deutsch), 2. Aufl., Köln u. a. 2006.

SCHMALE, Franz-Josef/SCHMALE-OTT, Irene (Hrsg.), Quellen zur Geschichte Kaiser Heinrichs IV. (= Ausgewählte Quellen zur deutschen Geschichte des Mittelalters 12), 4. Aufl., Darmstadt 2000.

Wipo Taten Kaiser Konrads II., übers. v. Werner TRILLMICH, in: Quellen des 9. und 11. Jahrhunderts zur Geschichte der Hamburgischen Kirche und des Reiches, übers. v. Werner TRILLMICH/Rudolf BUCHNER (= Ausgewählte Quellen zur deutschen Geschichte des Mittelalters 11), Darmstadt 1968, S. 507–613.

Literatur zur Salierzeit

Hier wird auf leicht zugängliche Monographien verwiesen.

ALTHOFF, Gerd: Heinrich IV., Darmstadt 2006.

ALTHOFF, Gerd: Spielregeln der Politik im Mittelalter. Kommunikation in Frieden und Fehde, Darmstadt 1997.

BLUMENTHAL, Uta-Renate: Gregor VII. Papst zwischen Canossa und Kirchenreform, Darmstadt 2001.

BOSHOF, Egon: Die Salier (= Urban-Taschenbücher 397), 5. Aufl., Stuttgart 2008.

GOEZ, Werner: Kirchenreform und Investiturstreit 910–1122, (= Urban-Taschenbücher 462), 2. Aufl. bearb. v. Elke GOEZ, Stuttgart 2008.

HARTMANN, Wilfried: Der Investiturstreit (= Enzyklopädie deutscher Geschichte 21), 3. Aufl., München 2007.

KELLER, Hagen: Zwischen regionaler Begrenzung und universalem Horizont. Deutschland im Imperium der Salier und Staufer 1024–1250 (= Propyläen Geschichte Deutschlands 2), Berlin 1986.

KÖRNTGEN, Ludger: Ottonen und Salier (= Geschichte kompakt, Mittelalter), Darmstadt 2002.

LAUDAGE, Johannes: Die Salier. Das erste deutsche Königshaus, (= Beck'sche Reihe 2397), München 2009.

WEINFURTER, Stefan: Canossa. Die Entzauberung der Welt, 2. Aufl., München 2006.

WEINFURTER, Stefan: Das Jahrhundert der Salier (1024–1125), Ostfildern 2004.

WEINFURTER, Stefan (Hrsg.): Die Salier und das Reich, 3 Bde, Sigmaringen 1991.

BILDNACHWEIS

S. 7: Bremen, Universitätsbibliothek, Ms. b. 21, f. 125r.; S. 9: bpk, Cod. lat. 295, fol. 81v.; S. 10: Paris, Musée du Louvre; S. 11: Peter Palm, Berlin; S. 15: nach: Weinfurter/Kluger: Salier, Adel und Reichsverfassung, Sigmaringen 1991; S. 18: Wien, Kunsthistorisches Museum; S. 19: Peter Palm; S. 20: picture-alliance; S. 21: Escorial Madrid, Cod. Vitrinas 17, fol. 2v.; S. 25: Cluny, Musée d'Art et d'Archéologie; S. 28 Escorial Madrid, Cod. Vitrinas 17, fol. 3r.; S. 29: Uppsala, Universitätsbibliothek, Ms. C 93, fol. 3v.; S. 31: Gent, University Library, Ms. 92, fol. 168r.; S. 34: Mantua, Curia Vescovile di Mantova, Pergamene Mensa Vescovile, doc. 5; S. 39: Krakau, Bibliothek des Domkapitels, Ms. 208, fol. 2v.; S. 40: London, British Library, Ms. Royal 20 D. XI, Bd. 134v.; S. 41: Wien, Kunsthistorisches Museum; S. 42: Darmstadt, ULB; S. 47: Peter Palm; S. 48: Jena, Universitätsbibliothek, Cod. Jenensis Bose q. 6, fol. 79a; S. 50/51: Troyes, Médiathèque de l'Agglomération Troyenne, Ms. 952 (Clairvaux G 60), fol. 49v.-50r.; S. 53: Douai, Bibliothèque municipale; S. 55: picture-alliance; S. 57, 58: Rom, BAV, Ms. Vat. lat. 4922, fol. 49r. / 49v.;

S. 61: bpk, Cod. lat. 295, fol. 99r.; S. 65: Jena, Universitätsbibliothek, Cod. Jenensis Bose q. 6, fol. 91b.; S. 68: picture-alliance; S. 71: Cambridge, Corpus Christi College, The Parker Library, Ms. 373, fol. 83r.; S. 73: Rom, BAV, Ms. Vat. Lat. 1984, fol. 8v-9r.; S. 75: akg-images, British Library; S. 78: nach: Kaiserdom und Domschatz, Speyer 2001; S. 79: picture-alliance (Bildarchiv Monheim); S. 82: nach: Der Dom zu Speyer, München 1972; S. 83, 84: nach: Kaiserdom und Domschatz, Speyer 2001; S. 85: Bildarchiv Monheim; S. 87: picture-alliance; S. 89: Worms, Stadtarchiv, Abt. 1 A I, Nr. 5; S. 90/91: picture-alliance; S. 94: nach Weinfurter (u. a.): Die Reichskleinodien, Regensburg 2009.

Verlag und Autor danken allen Leihgebern für die Bereitschaft, Bildmaterial für diese Publikation zur Verfügung zu stellen. Leider war es nicht in allen Fällen möglich, die Inhaber der Urheberrechte zu ermitteln. Etwaige Ansprüche kann der Verlag bei Nachweis geltend machen.

DANKSAGUNG

Für Anregungen und Unterstützung danke ich Marika Bacsòka, Manfred Clauss, Christina Deutsch, Lutz Enders, Regine Grienberger, Friederike Huebner und Tobias Weller. Marika Bacsòka hat die Datenlisten zu den Königen, Lutz Enders die Papstliste erstellt.

ZUM AUTOR

MARTIN CLAUSS, Jg. 1973, ist Privatdozent für Mittelalterliche Geschichte am Institut für Geschichte der Universität Regensburg. Sein Forschungsinteresse gilt der Geschichtskultur, der Verfassungsgeschichte, dem mittelalterlichen Krieg und der Historiographiegeschichte.